Comte DE VALICOURT

LA
CONQUÊTE DE VALENCE

PAR

L'ARMÉE FRANÇAISE D'ARAGON

(1811-1812)

PARIS

LIBRAIRIE MILITAIRE R. CHAPELOT ET Cⁱᵉ

IMPRIMEURS-ÉDITEURS

30, Rue et Passage Dauphine, 30

1905

LA
CONQUÊTE DE VALENCE

PAR

L'ARMÉE FRANÇAISE D'ARAGON

(1811-1812)

PARIS. — IMPRIMERIE R. CHAPELOT ET Cᵉ, 2, RUE CHRISTINE

Comte DE VALICOURT

LA
CONQUÊTE DE VALENCE

PAR

L'ARMÉE FRANÇAISE D'ARAGON

(1811-1812)

PARIS

LIBRAIRIE MILITAIRE R. CHAPELOT et Cie

IMPRIMEURS-ÉDITEURS

30, Rue et Passage Dauphine, 30

1905

LA
CONQUÊTE DE VALENCE

PAR

L'ARMÉE FRANÇAISE D'ARAGON

(1811-1812)[1]

De Tarragone à Sagunto.

Tarragone était tombée le 28 juin 1811. Sur ses ruines fumantes Suchet parvint à ramener un certain nombre d'habitants; il obtint même de Napoléon le salut de la ville haute dont l'enceinte est une véritable merveille historique. Les murailles cyclopéennes, les bastions des Romains et les nombreuses défenses de tous les âges qui caractérisent cette formidable position furent donc conservés en grande partie.

L'arrêt de mort décrété contre Tarragone ne fut exécuté que sur la ville basse dont l'on fit sauter tous les ouvrages. 1000 hommes de garnison restèrent dans la ville haute, et Suchet quitta le théâtre de cette lutte épique. Il poursuivit sa victoire en Catalogne, prit le célèbre couvent de Montserrat et revint à Saragosse, son quartier général, où l'attendait le bâton de maréchal de France.

Les troupes, éprouvées par une campagne aussi pénible, goûtèrent quelque répit pendant les mois de juillet et d'août qui ne permettent d'ailleurs pas, sous le ciel embrasé d'Espagne, d'en-

---

[1] Étude d'après les Relations françaises et espagnoles comparées.

treprendre de sérieuses opérations. Néanmoins, le maréchal ne demeurait pas inactif : le programme tracé après la chute de Tarragone était la conquête de Valence. La route, désormais ouverte et bien gardée sur nos derrières, invitait à l'offensive. Napoléon attribuait, du reste, à la prise de Valence une importance capitale et le triomphe de Tarragone n'avait été si bien accueilli et si royalement récompensé qu'en raison de la nécessité de cette victoire pour dégager les avenues de Valence, dont l'on possédait maintenant la clef. L'Empereur faisait de l'occupation de cette ville la base d'un vaste plan qui consistait à développer le rayon d'action de Suchet jusqu'à Grenade, pour permettre à l'armée d'Andalousie de s'acheminer presque en totalité vers l'Estramadure et de détacher une bonne moitié de son effectif en vue de rallier l'armée de Portugal, qui serait encore grossie de celle du Nord. Cette masse accablerait ainsi les Anglais acculés à Lisbonne, et la Péninsule tomberait définitivement sous notre domination.

Le premier acte de cette conception, plus séduisante en théorie que praticable sur le terrain, devait se jouer à Valence. En prescrivant, dès le 25 août 1811, au maréchal Suchet de prononcer son mouvement le 15 septembre au plus tard, Napoléon lui promettait de puissants renforts ; il n'en fallait pas moins pour assurer la réussite de l'entreprise, car Suchet devait laisser derrière lui le tiers environ de son contingent pour garder l'Aragon et la basse Catalogne, et les 22,000 combattants qu'il conservait en ligne ne pouvaient suffire à la redoutable tâche qui lui incombait. Confiant en la parole de l'Empereur, l'intrépide général accepta l'aventure.

Il choisit Tortose comme base de ravitaillement; de vastes magasins y avaient été établis, et un service de bateaux bien escortés lui garantissait par la voie de l'Èbre des approvisionnements réguliers en blé d'Aragon. La même ville abritait déjà les munitions et le parc de siège qui venait d'être réparé à la suite de la prise de Tarragone. Tortose était un point d'appui d'une valeur exceptionnelle. La ligne de l'Èbre assurait un débouché précieux sur l'intérieur; la place elle-même était bien défendue. Située à égale distance de Barcelone et de Valence, elle était reliée à ces deux centres par la route la plus praticable du pays, de sorte que le service des subsistances et le transport des munitions de guerre, fut organisé commodément sur les derrières de l'armée. Un troupeau de moutons suivait chaque régiment pour le fournir de viande.

La division Frère resta préposée à la surveillance de la basse Catalogne entre Lérida, Tarragone et Tortose, et la division Musnier fut affectée à l'Aragon.

Toutes ces dispositions révélèrent une fois de plus l'expérience consommée et le génie militaire de Suchet, homme de guerre d'un rare mérite dont les triomphes en Espagne, estompés d'échecs toujours réparés, ne se comptent pas; général aussi versé dans les choses de l'administration d'un pays conquis que brillant et fortuné sur les champs de bataille et dans les sièges de places fortes; esprit sage et pondéré qui a forcé l'estime des Espagnols, auprès desquels il réussissait à se faire pardonner la mission dont il était investi. Ce brave, quelque peu effacé dans l'épopée napoléonienne, aurait sans nul doute joué un rôle prépondérant et décisif dans la Péninsule dont il aurait peut-être fixé le sort, s'il avait été chargé d'un grand commandement avec la liberté d'action indispensable à celui qui opère sur les lieux, dans un territoire hérissé de montagnes, au milieu d'une population hostile et militante, contre un ennemi sans cesse abattu et toujours debout, sortant comme de terre et annihilant par ses mouvements imprévus les combinaisons les plus savantes préparées à grande distance. L'homme de la Péninsule était Suchet, puisque Napoléon ne dirigeait pas personnellement la campagne, et rien ne pouvait remplacer la direction personnelle sur un théâtre aussi compliqué; les événements en ont donné la preuve.

Suchet s'ébranla sur trois colonnes le 15 septembre 1811. Ses 22,000 hommes étaient répartis en trois corps. La division Habert, la brigade Robert, la cavalerie et l'artillerie suivirent la route de Tortose à Valence. La division italienne Palombini s'engagea à travers les montagnes de Morella et San Mateo, et la division Harispe prit à l'extrême droite, au milieu du massif de Téruel. Ces trois colonnes devaient pousser devant elles toutes les forces ennemies rencontrées dans ces parages et se réunir en avant de Murviedro, l'antique Sagunto (*Sagonte*).

Le 22 septembre, l'armée se concentra en vue de cette place, au seuil de la « huerta » de Valence, qui se déroule en demi-cercle jusqu'au cap San Antonio, près de Denia, présentant une vallée couverte de forêts d'orangers, de cultures variées, de palmiers, de champs verdoyants coupés de canaux d'irrigation, sorte de cirque printanier dominé par une enceinte de montagnes qui paraissent contempler cette merveille de végétation. La Méditerranée égaye davantage encore, s'il est possible, ce panorama par l'azur reposant de son immensité et sa jolie vague bleue qui vient mourir sur la plage.

Le général Blacke, qui commandait l'armée espagnole, était en observation à Sagunto. Dès l'approche des Français, il abandonna cette place pour se replier sur Valence, et Suchet fit son apparition à Almenara dans la matinée du 23 septembre[1]. Le même jour, la ville de Sagunto, assise au pied de la forteresse, tombait entre les mains des Français.

Pour atteindre Valence, il fallait emporter cette forteresse de Sagunto, bâtie sur un rocher presque inaccessible et formant le boulevard de la capitale, livrer bataille à la garnison de Valence, dont l'effectif était bien supérieur à celui de l'armée de Suchet, investir la place elle-même à travers une région défendue naturellement par un nombre considérable de canaux d'irrigation, et peut-être enfin donner l'assaut, sans compter la guerre de rues, que l'on était en droit de redouter après les exemples fameux de Saragosse et de Tarragone. Valence était, par sa population, la plus importante des villes d'Espagne dont on eût encore affronté le siège en règle.

La garnison qui allait faire face aux Français se composait des forces valenciennes, des insurgés de Murcie et enfin de l'armée régulière du général Blacke, qui comprenait les deux divisions Zayas et Lardizabal, soit un total de 35,000 combattants environ.

---

[1] Du haut des murailles du château, l'on nota l'entrée des troupes françaises dans Almenara, de grands nuages signalant au loin la marche de nos régiments.

La forteresse de Sagunto.

> « Sabes que el castillo de Sagunto es
> tan celebre y famoso en el mundo que
> no debemos permitir que se rinda. »
> *(Les défenseurs du château fort
> au Cid.)*

Le 20 septembre 1902, à 3 heures de l'après-midi, je gravissais, accompagné de deux amis et guidé par le portier-consigne de la forteresse de Sagunto, la pente qui conduit à cette acropole. La route, s'élevant de la ville pour atteindre la porte d'entrée, mesure, d'après les descriptions publiées, une longueur de 833 pas; elle ascensionne en lacets et peut avoir 5 mètres de largeur, reposant partout sur le roc. Un soleil éclatant et un firmament presque sombre, tant l'azur est intense dans cette région montagneuse où nul brouillard n'altère généralement la limpidité de l'air. Nous dépassons et dominons bientôt le théâtre romain, ruine toujours vivante qui défie les épreuves du temps. L'enceinte de l'acropole, faisant face à la ville, se profile devant nous dans toute sa longueur. De ce côté, le rocher, surgissant presque à pic et couronné de murailles verticales, est inabordable. Il forme la pointe extrême d'un groupe isolé de hauteurs qui se détachent de la grande cordillère partant des Pyrénées et courant vers l'orient et le sud de la Péninsule. Les points choisis par Suchet pour l'escalade de nuit sont accessibles à l'infanterie jusqu'au pied du fort, après un cheminement pénible ; mais les échelles employées devaient laisser leurs passagers en détresse à bonne distance du sommet.

Voici la porte d'entrée, lourde masse protégée par un pont-levis qui repose tristement dans la longue immobilité d'un souvenir. La place principale ou place d'armes s'ouvre devant nous, et l'on détermine par la vue la superficie de l'ancienne acropole de Sagunto, qui se confond à peu près avec l'enceinte de la forteresse actuelle. La configuration du terrain compris entre les arêtes du rocher est celle d'un arc de cercle ou croissant imparfait, dont la convexité regarde le Sud et dont les deux extrémités forment éminence, l'une tournée vers l'Ouest et l'autre vers l'Est. La distance qui sépare les deux points extrêmes est d'environ 1 kilomètre, la largeur varie entre 90 et 160 pas et le périmètre mesure 2,586 pas. L'on retrouve, à la pointe orientale, des restes de murs cyclopéens et notamment deux blocs remarquables qui revêtent le caractère des ouvrages de cette époque lointaine. L'on peut même suivre le pourtour primitif, qui s'identifie vers le Sud avec les constructions existantes ; mais, à l'extrémité orientale du fort et en avant de l'éperon de la batterie du « Dos de Mayo », la bâtisse cyclopéenne reparaît dans toute sa grandeur, formant une tour carrée presque détruite et enterrée, dont le front a 13^m,50 d'étendue, Les architectes de ces travaux gigantesques avaient donc reconnu le point vulnérable de la forteresse, puisqu'ils avaient jugé indispensable d'élever dans cet emplacement une tour très haute et très puissante pour dominer et contenir l'adversaire.

De même qu'à Tarragone, les murs sont formés de pierres de grande dimension et de figure irrégulière posées à sec, sans mortier ni ciment, et les intervalles comblés à l'aide de fragments. Il paraît démontré que les Héthéens, tribu d'origine chananéenne procédant du Caucase, sont les auteurs de ces ouvrages, les Peslages de la Grèce orientale n'étant autres que ces Héthéens qui colonisèrent les côtes de la Méditerranée environ deux mille ans avant Jésus-Christ.

Des traces de pavage provenant d'antiques monuments, des restes de colonnes, de murs, etc... prouvent que l'emplacement de la forteresse était celui d'une cité primitive édifiée, comme les agglomérations des âges reculés, aux endroits les moins accessibles afin de mieux assurer la défense.

Le développement graduel pris par l'établissement colonial de Sagunto ne permit plus à la population de se maintenir groupée sur le sommet de la montagne, et les constructions s'étagèrent dans la suite sur le flanc du rocher pour gagner de proche en proche la vallée elle-même où est située la ville d'aujourd'hui. La partie supérieure fut convertie en acropole ou ville haute dans laquelle étaient réunies, sous la protection des murailles, les choses les plus précieuses de la cité, telles que le trésor public, les archives et les temples. Sous les Romains, la ville reçut son assiette actuelle, tout en s'étendant depuis la colline historique jusqu'à la Méditerranée. Le rio Palencia passe au pied de Sagunto qu'il enserre vers l'Ouest et le Nord pour tomber dans la mer à peu de distance. Son lit, large d'environ

300 pas, est peuplé de pierres, et ses rives sont généralement escarpées. Les trois ponts qui reliaient autrefois le fleuve à la cité ont disparu depuis des siècles.

La seconde guerre punique fut fatale à Sagunto : une armée de 150,000 hommes, au dire de Plutarque, l'assiégea sous les ordres d'Annibal. La place succomba après huit mois d'une résistance qui l'a immortalisée. La principale attaque fut dirigée contre la pointe occidentale de l'Alcazar, partie la plus vulnérable de la forteresse, en raison de la faible déclivité du terrain qui va mourir sur la berge du Palencia. Suchet imita cette tactique plus de vingt siècles après, et notre grosse artillerie vint succéder à l'antique bélier. Annibal finit par ouvrir de larges brèches après une lutte formidable au cours de laquelle il reçut une blessure. Les assiégés poussèrent la défense jusqu'au delà des forces humaines, formèrent de leurs richesses et des objets les plus précieux un immense bûcher au milieu de la place publique, et quelques-uns se précipitèrent dans les flammes pour ne pas survivre à leur indépendance. Cette glorieuse épopée se termina par une sortie de nuit, la dernière, dans laquelle les guerriers s'élançant de la citadelle à demi embrasée surprirent les Carthaginois dans leur camp et, sans autre but que celui de mourir en combattant, firent de leurs ennemis un épouvantable massacre. Ils luttaient encore au lever du jour qui permit à leurs adversaires de les accabler sous le nombre et de les anéantir presque tous. Témoins de cet affreux carnage, les femmes qui attendaient du haut des murailles, dans l'anxiété qui précède les grandes catastrophes, l'issue de cette bataille désespérée, se lancèrent, les unes dans le vide, les autres dans les flammes ; plusieurs s'étranglèrent de leurs propres mains après avoir décapité leurs enfants. Enfin, pendant cette agonie de Sagunto, une tour protégeant l'enceinte occidentale de l'acropole s'écroula avec fracas sous l'ébranlement produit par les coups répétés du bélier. C'est alors qu'Annibal donna le signal de l'assaut, avec ordre d'exterminer tous les habitants des deux sexes âgés de plus de 14 ans.

Ainsi périt ce peuple de héros !

Rome vengea Sagunto et la restaura magnifiquement. Son commerce, son industrie et son agriculture prospérèrent à cette époque, et les auteurs exaltent ses richesses. L'on calcule que sa population atteignait le chiffre de 50,000 âmes. Les monuments publics abondaient, et les ruines encore admirées du théâtre, du cirque, du temple de Diane, de l'aqueduc, témoignent du glorieux passé de Sagunto qui resta fidèle aux Romains en dépit des guerres dont son territoire fut encore le théâtre.

En 425 après Jésus-Christ les Vandales détruisirent la ville dont le nom même fut remplacé par celui de Murus Vetus, et le quartier maritime disparut complètement. Sous la domination des Arabes on l'appelle Murbiter, et les chrétiens, après l'avoir reconquise, la baptisèrent Murvèdre ou Murviedro. Le Cid s'empara de Murviedro, dans laquelle il fit son entrée le 24 juin 1098 ; les Arabes la reprirent en 1102. Alphonse II d'Aragon l'assiégea en 1179, mais sans pouvoir l'emporter. Don Jaime Ier, roi d'Aragon. la reconquit définitivement en 1239. Au cours des guerres entre l'Aragon et la Castille, Murviedro est plusieurs fois prise et reprise. En 1365, la forteresse capitule faute de vivres après une résistance de six mois. Dans les siècles suivants, nouvelles luttes : en 1706 les Anglais, sous les ordres de lord Peterborough, obtinrent sans combat l'entrée de la forteresse ; mais, en 1707, Murviedro se soumit à Philippe V. La ville, tombée en décadence, se releva peu à peu, et la population augmenta considérablement.

Après l'occupation de l'acropole par les troupes de Suchet, les murailles furent restaurées, et le fort fut remis en excellent état de défense. Les Français l'évacuèrent le 22 mai 1814, en vertu d'une convention intervenue entre Suchet et Wellington. En 1823, la forteresse, assiégée sans succès par les libéraux, fut remise à Ferdinand VII lors de l'intervention française.

Le 1er décembre 1868, le gouvernement provisoire d'Espagne restitua à la ville son nom primitif de Sagunto si glorieusement porté dans le passé et connu du monde entier. Le 29 décembre 1874, Alphonse XII fut proclamé roi à Sagunto par le général Martinez Campos. La population accueillit avec enthousiasme le nouveau souverain qui, pour la récompenser, concéda le titre de ville (3 mars 1875 [1]) à cette place historique.

L'on nous pardonnera cette longue digression, que nous pré-

---

[1] Pour plus de détails, lire : *Historia de Sagunto*, par CHABRET, t. I. — Barcelone, 1888.

sentons comme un hommage et un salut à l'une des plus anciennes et des plus vaillantes cités de la Péninsule.

Revenons à la place d'armes. Les vieux murs, les débris découverts çà et là racontent au passant envahi de la mélancolie projetée par ces ruines fameuses la tragique épopée décrite plus haut. Ici, l'on conservait les restes d'antiques béliers qui ont malheureusement disparu. L'habitation du gouverneur, une prison souterraine, une tour d'origine romaine retiennent particulièrement l'attention. Vers la partie sud de cette vaste place, deux ou trois cheminées de dégagement destinées à la circulation de l'air, révèlent l'existence d'une citerne de 120 pieds de longueur, 21 de largeur et 3 mètres de hauteur, avec deux nefs soutenues par 21 piliers. Sa capacité est de 25,000 pieds cubes d'eau.

A l'orient de la place d'armes se dresse la majestueuse façade dans laquelle est percée la porte d'Almenara[1], qui donne accès dans la place d'Almenara ou de « Bassecourt », indépendante de la précédente. De longs corps de bâtiments destinés à la troupe règnent de tous côtés. En contournant l'enceinte, l'on constate qu'elle est inexpugnable, car elle domine, comme la place d'armes, des précipices sur toutes les faces. De l'extrême pointe orientale un panorama inoubliable se déroule aux pieds de l'observateur. La Méditerranée en avant, Valence un peu sur la droite avec ses dômes étincelants de lumière; l'infini de la mer, d'un côté, et l'échiquier de la montagne, de l'autre. La place d'Almenara est la cinquième et dernière de l'acropole. La quatrième est la place d'armes. Nous entrons dans la troisième place, dite de « San Pedro », par la porte de Mahoma que protège une muraille romaine d'une hauteur imposante et d'une conservation parfaite. Un bâtiment destiné aux troupes court le long de la partie sud, et une belle étendue de terrain permet d'effectuer les formations d'exercice et de combat. Là, aussi bien que sur tout le pourtour, les murs sont crénelés, des emplacements sont disposés pour recevoir les pièces d'artillerie. L'on poursuit vers l'Ouest, par une route qui ascensionne fortement, pour

---

[1] Pour éviter toute confusion, nous conserverons aux cinq places de la forteresse leurs noms actuels en constatant toutefois que ces noms ont varié avec chaque époque.

tourner à droite et découvrir la porte d'entrée de la deuxième
place ou citadelle, dénommée « San Fernando » pendant la
guerre de l'Indépendance. Des fragments de colonnes provenant
d'un temple antique, signalés autrefois sur ce point, ont disparu.
Une muraille assure l'isolement et l'indépendance de la citadelle
qui forme éminence. Du côté nord, une tour s'élève, point culmi-
nant du pays. A l'Ouest, un bastion, assisté de ses courtines et
bien aménagé pour l'artillerie, ferme la citadelle. Enfin, au pied
du même bastion, se développe vers l'Occident la première place,
dite « Dos de Mayo », qui est à la discrétion de la citadelle dont
elle ne dépasse pas la base. Au Nord et au Sud, les escarpements
sont toujours inaccessibles. L'extrémité ouest clôturant l'acropole est défendue par une tour élevée, flanquée de murailles
épaisses. La colline sur laquelle repose le château fort se continue
par une déclivité assez rapide, mais abordable. Cette colline,
connue sous le nom de « hauteurs d'Annibal », va s'enfoncer
doucement dans la vallée du Palencia. Tous les assauts donnés à
l'acropole furent tentés par les hauteurs d'Annibal.

C'est face à la tour du « Dos de Mayo » que furent établies les
batteries de Suchet ; c'est dans la tour elle-même, que la brèche
fut pratiquée. Nous allons reconnaître ce point en contournant la
montagne. Chemin faisant, nous côtoyons la courtine contre
laquelle nos soldats plantèrent leurs échelles pour l'escalade de
nuit. Là sont tombés des braves, et cette roche inhospitalière
s'est à peine ouverte pour leur servir de dernière demeure.
Nous voici au pied de la tour du « Dos de Mayo ». La brèche a
été si bien réparée que son emplacement exact n'est révélé que
par l'éclat particulier de la maçonnerie qui a comblé les vides.
Les approches de la forteresse sont, d'ailleurs, couvertes de
débris de construction, de fragments de muraille, de pierres
brisées qui perpétuent le souvenir de la lutte.

Sur le sol inculte et rocailleux, dans les crevasses où se réfugie
la terre végétale, émergent des ossements desséchés : 500 Français dorment là du sommeil sans réveil, poussière humaine qui
en recouvre une autre, celle déjà plus de vingt fois séculaire
des guerriers d'Annibal. Un silence profond règne dans ces
parages désolés. A l'horizon et vers l'Ouest, de hauts sommets
se profilent dans le lointain ; le soleil déclinant les caresse
mélancoliquement de ses feux, qui viennent également mourir

sur les murailles, tours et créneaux, gardiens impassibles et
fidèles des épopées dont ils sont les derniers témoins.

Siège et capitulation du château-fort de Sagunto.

Investissement et tentative d'escalade de nuit. — Le 23 septembre, la division Habert s'empara de Sagunto et repoussa la
garnison du fort, qui avait effectué une sortie en vue de défendre
la ville. Appuyés par l'artillerie et la fusillade de la forteresse,
les Espagnols s'y réfugièrent sans être trop maltraités, pendant
que les Français s'établissaient dans les maisons faisant face à
la colline, les crénelaient et barricadaient les rues sur toute la
longueur du front de l'acropole, immobilisant ainsi l'adversaire
dans son refuge aérien. Les troupes de la division Habert se
répandirent autour du rocher, investissant le côté oriental
(Almenara), pour donner la main à la division Harispe, campée
sur les flancs des montagnes de Gausa, au sud de la forteresse.
La division italienne, cantonnée dans les villages de Pétres et de
Gilet, vers l'Occident, se reliait à la précédente et fermait la
route d'Aragon. La chaussée descendant de la Catalogne à
Valence fut occupée et surveillée par quelques réserves. Suchet
établit son quartier général à Pétres, village situé à 2 kilomètres
de Sagunto, et fit une reconnaissance minutieuse de la place. Il
constata qu'elle était inabordable de tous les côtés, sauf vers la
face ouest, au delà de laquelle se prolonge la montagne en pente
relativement douce, tandis que, du côté oriental, l'enceinte con-
tourne le promontoire taillé presque à pic au-dessus de la vallée.
Le Nord et le Sud présentent la même disposition de terrain. La
logique commandait, en conséquence, d'attaquer l'acropole par
l'Ouest, mais un siège en règle s'imposait, toute tentative pour
pénétrer sans brèche de ce côté étant matériellement imprati-
cable à cause de la hauteur de la tour et des murailles qui protégeaient à merveille cet unique point vulnérable.

Les auteurs espagnols, en décrivant l'état de la forteresse,
s'étendent complaisamment sur les déplorables conditions de
résistance qu'elle offrait à cette époque[1]. Les constructions des-

---

[1] Boix, *Historia de la ciudad y reino de Valencia*, t. II, p. 251. — CHABRET,
Historia de Sagunto, t. 1er, p. 465.

tinées à la troupe et les remparts eux-mêmes n'avaient pu être qu'insuffisamment restaurés après la prise de Tortose par Suchet, lorsque la menace d'une invasion devint imminente. Les flancs de la montagne étaient couverts de gigantesques caroubiers qui nuisaient au tir de la place. En un mot, la garnison était mal logée et mal abritée contre le feu de l'assaillant [1].

Nous nous inclinons devant ces observations qui tendent à rehausser l'éclat de la défense. Toutefois, il convient de remarquer, et personne ne saurait contester ce point, que la tour et les murailles du « Dos de Mayo » regardant l'Occident, les seules exposées au feu et les seules éprouvées en fait par le tir de brèche, étaient en état de résister à tous les assauts. La forteresse pouvait être à demi démantelée, mais il est notoire pour tous que, même avec ces défectuosités, elle était naturellement inaccessible, sauf par la face ouest qui était précisément dotée de murailles de composition telle que les boulets la battirent longtemps sans l'entamer.

L'artillerie du fort composée de dix-sept pièces, trois de 12, les autres de 4 et de 8 et de trois obusiers de 7 pouces, n'était pas assez puissante, quoique très bien servie, pour soutenir le duel. Restait donc la fusillade des assiégés et leur valeur personnelle pour résister à l'assaut, en ajoutant que l'acropole, eût-elle été préparée en tout point à une agression, n'aurait tenu ni un jour de plus, ni un jour de moins avec la troupe qui la garnissait.

2,900 hommes pénétrèrent dans l'enceinte le 22 septembre à la chute du jour. Ils formaient cinq bataillons composés en partie de recrues. Les cadres, sans être complets, étaient remarquablement choisis. Ces troupes campèrent sur la place d'armes et terrains voisins sous le commandement du colonel d'état-

---

[1] Le gouverneur de Sagunto, parlant de la position, dit cependant : « Ce château, enceinte avancée de la capitale, est respectable autant par sa situation que par les ouvrages de défense que l'on y a construits. » Il ajoute dans une proclamation : « Nous sommes pourvus de tout le nécessaire ; nous avons des murailles, des canons, des baïonnettes, des balles et des hommes à opposer à l'ennemi. »

Le général espagnol de Bassecourt qui avait remis en état le château-fort avant le siège constate à son tour « que cette forteresse est d'un accès très difficile pour les ennemis et que ses murailles ont été considérablement renforcées.» (*Gazette de la Junta supérieure du royaume de Valence*, numéro du 8 octobre 1811.)

major D. Luis Maria Andriani, soldat brave et expérimenté
nommé gouverneur du château le 6 août 1811.

Le 27 et le 28 au matin, les reconnaissances du fort furent
repoussées [1]. Une autre sortie tentée le 28 septembre, dans
l'après-midi, obtint le même sort avec des pertes plus sérieuses
pour les Espagnols.

Suchet, impatient d'en finir avec cette place qui contrariait
son offensive sur Valence, ne put se résigner de prime abord à
supporter toutes les phases d'un siège, d'autant plus que sa
grosse artillerie était encore à Tortose et qu'il devait en coûter
beaucoup pour l'amener jusqu'à la crête. D'autre part, c'est dans
le roc qu'il fallait tailler, lors des travaux d'approche, l'abri des
sacs à terre mal épaulés, le seul praticable sur l'étroite plate-
forme, étant insuffisant pour protéger efficacement les combattants. L'on redoutait donc avec raison, eu égard au feu plongeant qui, de l'imposante muraille balayerait les glacis, des
pertes cruelles et une lenteur d'opérations favorables à l'ennemi.

Sous l'empire de ces graves préoccupations, Suchet fouillait
de sa longue vue l'implacable roche qui veille sur Sagunto. Il
distingua, et ses officiers remarquèrent également, deux antiques
brèches incomplètement réparées qui se dessinaient dans l'escarpe faisant face à la ville. Le commandant du génie opina pour
une attaque de ce côté, et le projet d'une escalade de nuit prit
corps aux yeux du maréchal comme une entreprise réalisable [2].
La distance provoque, d'ailleurs, une illusion d'optique tant au
point de vue des dimensions de l'enceinte, que diminue à cet
endroit une dépression de la colline, que de l'escarpement du
terrain qui la circonscrit. Enfin, les hommes de fer conduits par
ce général avaient accompli tant de prodiges lors des assauts
précédents qu'un degré de plus dans l'obstacle ne comptait pas
pour leurs chefs. L'escalade fut donc résolue, et cette nouvelle
produisit un grand enthousiasme dans les rangs, car l'on espé-
rait ainsi en finir d'un seul coup.

La nuit du 28 septembre était venue à l'heure où les Espagnols
vigoureusement repoussés rentraient dans leurs casemates.

---

[1] Le 27, à 9 heures du soir, dit le *Journal du fort*, l'artillerie de Suchet
lança ses deux premiers boulets sur les positions espagnoles.

[2] SUCHET, *Mémoires*, p. 157.

Les auteurs français déclarent, de leur côté, que la garnison avait choisi la nuit même de l'escalade pour opérer une sortie. Suivant eux, cette sortie fut effectuée, mais elle eut le même sort que les précédentes. En tout cas, l'agitation provoquée par cette prise d'armes ne pouvait être encore apaisée dans la place où chacun restait forcément sur le qui-vive, puisque l'engagement de l'après-midi ou de la nuit venait de prendre fin lorsque les colonnes françaises s'ébranlèrent pour tenter leur audacieuse entreprise [1].

A 11 heures du soir tout était plongé dans la plus profonde tranquillité, disent les chroniqueurs espagnols, mais l'on redoublait de vigilance dans le fort [2].

L'on devait attendre le coucher de la lune, 2 heures du matin, pour profiter de l'obscurité, comme il était convenu ; toutefois les chances de succès avaient tellement diminué par suite de l'agitation de la journée que le maréchal voulut donner contre-ordre. Il n'y parvint pas au milieu de la confusion générale, et personne, tant l'élan était complet, ne favorisa la transmission de ce message. De plus, déclare Suchet dans ses Mémoires, nos soldats impatients d'en venir aux mains n'attendirent pas l'heure fixée pour se mettre en mouvement. Ils entendirent non loin d'eux causer et cheminer quelques Espagnols, et l'un des nôtres déchargea son arme au milieu du silence général. Les défenseurs alarmés par cette détonation intempestive ouvrirent le feu du haut des murailles, et nos colonnes s'élancèrent à l'assaut sans qu'il fût possible de les arrêter. La surprise était donc manquée ; néanmoins, une première colonne plante des échelles contre l'escarpe de la place d'armes et de « Estudiantes », en s'étendant le plus possible vers l'Ouest. Une seconde colonne restait en réserve pendant que d'autres fractions constituées simulaient une attaque sur des points différents, afin de distraire et d'éparpiller la garnison [3]. Les échelles sont trop courtes, et les hommes

---

[1] Andriani, *Défense de Sagunto*, affirme que deux reconnaissances sortirent du château dans la journée du 28 septembre ; l'une aux approches de la nuit, et l'autre, plus tard encore. Dans cette dernière, l'adjudant Saez, du régiment de l'Infant, perdit la vie.

[2] ANDRIANI, *Défense de Sagunto*, p. 38.

[3] Les soldats portaient un mouchoir blanc attaché au bras gauche pour se reconnaître et ne pas s'entretuer dans l'obscurité de la nuit.

se hissent avec une peine extrême jusqu'au sommet; elles sont trop peu nombreuses, de sorte que les premiers arrivés ne sont pas assez rapidement appuyés. Néanmoins, les sentinelles et les postes reculent; mais toute la garnison est sous les armes. Andriani, qui veillait, fait avancer instantanément les réserves, vole lui-même au point le plus menacé; il harangue les soldats et leur rappelle l'héroïsme des vieux Sagontains d'autrefois, dépêche, avec la promptitude de l'éclair, des officiers aux autres places pour assurer à leurs commandants l'envoi instantané de munitions et de renforts, promettant des récompenses à tous ceux qui se distingueraient. C'en était fait de l'acropole, si cet intrépide gouverneur avait tardé de quelques minutes à prendre ces rapides et judicieuses dispositions, car, en dépit de l'obstacle, les assiégeants auraient pénétré en nombre, tenu ferme et protégé l'escalade qui, en se prolongeant, devait jeter dans la place une troupe assez compacte pour résister et permettre ainsi à toute la colonne comme aux réserves de garder pied sur la crête. Le même résultat aurait probablement été obtenu, en tout cas, avec l'aide d'échelles plus longues et plus nombreuses, grâce uniquement à la première surprise, qui donnait le temps matériel voulu, en dépit de la célérité des renforts espagnols, pour garnir le terrain d'un fort détachement capable de contenir l'adversaire, surtout en étant lui-même continuellement grossi par les nouveaux arrivants. A l'abri de ce rideau l'invasion de la forteresse était consommée. Telle que l'action se déroula, quelques hommes hors d'haleine étaient à peine au sommet que les défenseurs, enlevés par leurs chefs, accourent sur tous les points, accablent facilement les envahisseurs, se répandent le long des murailles face aux échelles et, à coups de feu, de pique, de hache, renversent les assaillants assez téméraires pour dépasser l'enceinte. Dès ce moment, la partie était perdue. Néanmoins la lutte se prolongeait terrible et opiniâtre. C'était un corps à corps sans merci, au milieu des clameurs des combattants. La première colonne, décimée et impuissante à atteindre son objectif, se retire en frémissant. L'échec ne pouvait être réparé en suivant les mêmes moyens; de plus, les survivants rendaient compte à leurs camarades de la deuxième colonne de l'inutilité d'une seconde attaque. Cette réserve, qui attendait avec une impatience extrême le signal de l'action, persista cependant à renouveler l'attaque, comptant pour rien l'inutilité de son sacrifice, la masse d'ennemis accumulés sur les remparts et la presque certitude de courir à la mort. Ces hommes-là ne croyaient jamais à la défaite et ils étaient accoutumés à forcer le destin. Ils s'élancent à leur tour, sous les ordres du colonel Gudin : mêmes efforts surhumains, même hécatombe inévitable sous l'empire du nombre et de la position dominante des adversaires, qui mutilent et lapident un à un tous ceux qui arrivent à leur portée. Il faut battre en retraite [1] : les échelles sont abandonnées en grande partie et les deux colonnes regagnent leurs cantonnements en laissant environ 300 victimes au pied de l'antique acropole, pendant que les Espagnols poussent des cris de triomphe.

Leurs historiens n'accusent qu'une perte de 15 tués et 20 blessés parmi les assiégés, et ces chiffres n'ont rien d'anormal, si l'on songe que les assaillants n'avaient matériellement ni le temps ni la possibilité de se défendre avant de prendre pied sur le parapet, position inabordable depuis que la garnison occupait tous les points accessibles.

La victoire des Espagnols devint donc chose facile dès qu'ils furent rassemblés face aux assiégeants. Tout le problème et tout le mérite consistaient à les porter comme la foudre sur les côtés menacés. Andriani réalisa ce prodige. A notre avis, son héroïsme eut été vain si l'offensive avait été prononcée plus à droite, plus avant vers l'Ouest, c'est-à-dire plus loin de la maison du gouverneur, située sur la place d'armes ; plus loin, par suite, des réserves qu'il avait sous la main. L'on eût gagné quelques minutes, le temps de se grouper en nombre sur le parapet, de contenir l'ennemi et d'opposer ainsi une barrière qui serait devenue avalanche par l'incessant apport des colonnes montantes.

A la suite de ce fait d'armes, le colonel Andriani fut promu brigadier par le général en chef, qui le félicita de sa conduite [2]. Un sergent espagnol, José Verdu, apporta de Valence le pli

---

[1] Les soldats se résignent difficilement à cette extrémité en dépit des efforts de leurs officiers et ne prétendent pas abandonner le pied des murailles pour rentrer en ville. Et pourtant, l'aube allait pointer à l'horizon.

[2] Le 28 septembre, au lever du jour, un *Te Deum* fut chanté dans l'une des places du château, San Pedro.

contenant cette décision. Il traversa les lignes françaises et fut hissé dans le fort à l'aide de cordes.

Pendant les nuits qui suivirent le combat, les assiégés détachèrent quelques hommes pour donner la sépulture aux cadavres qui jonchaient le pied des remparts. L'entreprise n'était pas aisée, car il fallait descendre dans le précipice et remonter ensuite les soldats préposés à cette besogne. Les Français, de leur côté, donnaient à la garnison de continuelles alarmes qui l'obligeaient à suspendre les travaux urgents destinés à renforcer la défense. Un duel d'artillerie et une fusillade incessante tenaient les deux partis en éveil.

Suchet fut très affecté de l'échec subi par ses troupes et surtout de la mort inutile de tant de braves. Après avoir reconnu le danger que présentait le projet de négliger Sagunto et de marcher sur Valence en laissant devant le fort un simple détachement pour contenir et surveiller la garnison, il fut décidé que l'on ferait à l'acropole les honneurs d'un siège en règle.

La brèche et l'assaut repoussé du 18 octobre. — En conséquence, la grosse artillerie fut acheminée de Tortose vers Sagunto. Chemin faisant, elle servit à battre en brèche la place d'Oropesa, qui capitula le 10 octobre.

Les généraux Valée et Rogniat ayant décidé que la forteresse serait attaquée par l'Ouest, c'est-à-dire par le seul côté réellement abordable, le transport des pièces et la mise en batterie furent organisés courageusement au milieu de difficultés sans nombre, car la tranchée devait être creusée dans un terrain toujours dur et parfois dans le roc nu qui prolonge ses veines sur les pentes de la montagne en alternant avec un sol végétal pierreux. Les épaulements étaient formés par des apports de terre tirés de la vallée, mais leur épaisseur était insuffisante en raison du travail occasionné par ce va-et-vient de chaque instant. De plus, la tour du « Dos de Mayo » avait un tel commandement sur tous les environs que les travaux d'approche étaient très pénibles à exécuter, sous le feu presque ininterrompu des assiégés, dont le tir plongeant mettait journellement 15 ou 20 hommes hors de combat. A l'intérieur de la place, l'on surveillait ces préparatifs. La reconnaissance opérée les 29 et 30 septembre dans l'après-midi par des officiers français sur le flanc gauche du « Dos de Mayo », jusqu'à la troisième place, avait été soigneusement notée. Le 11 octobre, à la pointe du jour, les assiégés observèrent, à 130 toises de la tour de l'Ouest, une double rangée de 27 sacs à terre, protégeant les travaux de l'ennemi. Le 12, nos sapeurs s'établissaient sur les hauteurs d'Annibal, à 31 toises du fort. Une parallèle et trois tranchées annexes furent creusées à 60 toises de la tour. Le château inquiéta ces travaux par son canon et sa mousqueterie. Les Espagnols, comprenant l'imminence de l'attaque et ne possédant pas de ce côté de terre-plein en maçonnerie, en fabriquèrent un en bois, qui reçut deux pièces. Une troisième fut disposée sur le flanc gauche. Si les assiégés avaient eu des pièces de 24, l'investissement eût été réduit à un simple blocus. Néanmoins, la fusillade continuelle du fort nous infligeait des pertes sensibles et retardait les opérations.

Le 17 octobre, à 6 heures du matin, nos canonniers ouvrirent le feu avec quatre pièces de 24, quatre mortiers de 8 pouces et cinq obusiers. 1200 projectiles tombèrent sur la forteresse : la supériorité de ce tir éteignit le feu des Espagnols. Un canon de 12 et un obusier démontés furent enlevés de la batterie du « Dos de Mayo » et les premiers revêtements s'écroulèrent. 1 officier et 14 artilleurs de la place furent mis hors de combat; mais leurs camarades, loin de fléchir, s'avançaient à découvert sous le feu de la batterie de brèche et décimaient nos canonniers à coups de fusil, contrariant ainsi l'efficacité de l'attaque. D'autre part, le choc des boulets entamait à peine les maçonneries intérieures de la tour, qui dataient des Romains et présentaient une solidité sans égale. Il fallut arracher ce mur d'airain fragment par fragment et recommencer le 18, jusqu'à 4 heures de l'après-midi. La brèche, ouverte après ce long effort, fut déclarée praticable en dépit d'un escarpement trop abrupt, même pour la descente.

Le 18, à 10 heures du matin, disent certains auteurs espagnols [1], les Français quittent leurs retranchements, décidés à donner l'assaut. Ils se lancent résolument vers la brèche, mais

---

[1] Boix, *Histoire de Valence*, t. II, p, 255. — Chabret, *Historia de Sagunto*, t. 1er, p. 469.

les assiégés méprisant le feu de l'artillerie ouvrent une fusillade terrible et forcent leurs adversaires à rétrograder avec pertes sans donner suite à l'assaut. Cet engagement n'est mentionné dans aucune relation française et il n'est pas reproduit par nombre d'historiens espagnols [1]. La brèche n'ayant été reconnue abordable que le 18 dans l'après-midi, cette action de la matinée paraît bien problématique, puisque rien ne la justifiait [2]. Cependant, l'alarme régnait dans l'acropole, car l'heure décisive approchait. Andriani réunit un conseil de guerre aux abords de la citadelle exposant que, selon lui, la brèche devait être défendue à outrance, malgré la témérité de l'entreprise et les règles de la tactique courante ; car la brèche une fois emportée, toute l'acropole tomberait fatalement et sans délai au pouvoir des Français que les murs et défenses des quatre dernières places n'arrêteraient pas. En faisant un effort suprême à la brèche, l'on donnerait le temps à l'armée de secours de délivrer la garnison et l'on se couvrirait de gloire. Il suffisait de tenir ferme puisque le salut couronnerait l'héroïsme des assiégés. A l'unanimité cette opinion fut adoptée et le gouverneur put jouir de la légitime satisfaction de constater que la concorde et la confiance mutuelle régnaient entre les chefs et les subalternes.

Il était près de 5 heures du soir et le conseil de guerre continuait lorsque tombe inopinément la nouvelle que les Français sortent de leurs tranchées pour donner l'assaut. Andriani dicte immédiatement ses ordres à Cisneros, commandant du « Dos de Mayo » qui vole à son poste. Le gouverneur pare à toutes les éventualités et se transporte à la batterie de la citadelle après avoir harangué les hommes qui allaient défendre la brèche.

Cette troupe venait d'être réconfortée par une abondante distribution de vin et de tabac. Le colonel Matis, désigné par Suchet pour diriger l'assaut, débouche de nos retranchements à la tête

---

[1] Le comte de Toreno (t. II, p. 390) notamment n'en *fait pas mention*.

[2] Suchet déclare, au surplus, que la relève des gardes de la tranchée opérée vers midi fit croire aux Espagnols que l'assaut allait commencer. C'est alors qu'ils couvrirent la brèche avec enthousiasme et s'y maintinrent pendant quatre à cinq heures sous le feu ininterrompu de quatre pièces de 24, les vivants remplaçant instantanément les vides creusés par la grosse artillerie et réparant continuellement les brèches. (SUCHET, *Mémoires*, p. 170.)

de 400 hommes d'élite pris dans les 5e léger, 114e, 117e de ligne et dans la division italienne. Notre artillerie suspend son feu pendant qu'une épouvantable fusillade décime la colonne qui se rue vers la brèche. La pente à gravir était telle (l'on peut s'en rendre compte encore aujourd'hui) que la tentative était téméraire, voire même presque inutile. Les assaillants les plus agiles s'élèvent jusqu'aux deux tiers de la rampe ; mais l'aspérité du sol et l'étroitesse du front praticable rendent impossible le passage simultané de plus de deux hommes de front. La brèche se termine, d'ailleurs, par une escarpe verticale. D'autre part, les coups de feu à bout portant, les pierres et projectiles de toute nature pleuvent sur la tête de colonne qui est ainsi accablée par la masse des Espagnols, réunis sur la brèche ou établis sur la tour et ses flancs, qui luttent avec l'avantage du nombre et de la position, sous l'empire d'une exaltation extraordinaire qu'entretiennent leurs clameurs guerrières. Néanmoins, la vague montante repoussée revient maintes fois à la charge pour mourir au même endroit, les grenadiers s'ouvrant en vain passage à travers la mitraille et luttant corps à corps avec une obstination incroyable sans pouvoir atteindre la crête ou s'y maintenir [1]. Ils s'élevèrent pourtant jusqu'au sommet de la brèche, mais le terrain cédait sous les pas de l'assaillant en raison de la pente énorme et du manque de base pour la soutenir, entraînant ainsi les braves qui le foulaient [2]. La retraite s'imposait ; notre artil-

---

[1] « L'attaque fut terrible et elle devait l'être, car un grand nombre d'officiers montaient à la brèche, les uns en tête de la colonne, les autres sur les flancs, d'autres enfin intercalés parmi les soldats. Suchet avait, en effet, promis la croix d'honneur à tous ceux qui entreraient par la brèche. Les officiers commandant la colonne tombaient et, instantanément, d'autres les venaient remplacer. A peine ceux-ci étaient-ils frappés que les vides étaient de nouveau comblés. Il se formait d'horribles monceaux de cadavres et la colonne gravissait et foulait cette pyramide humaine en répétant avec l'accent du désespoir : « Allons à la batterie ! » Ils arrivèrent enfin au sommet de la brèche et cherchèrent à s'ouvrir un passage à la baïonnette, mais nos armes étant plus longues que les leurs, nous en fîmes un épouvantable carnage. — (*Un Défenseur de Sagunto*, Orihuela, imprimerie de la veuve de D. Antonio Santa Maria, 1844.)

[2] Jamais je n'oublierai l'héroïsme de mes camarades en ces moments. La place du « Dos de Mayo » ressemblait à un enfer. Je suis encore électrisé au souvenir de la frénésie de ceux qui se précipitaient pour remplacer les hommes du premier rang au fur et à mesure qu'ils étaient emportés par la mitraille. (ANDRIANI, *Défense de Sagunto*, p. 45).

lerie rouvrit le feu et les débris de la colonne se replièrent en laissant le théâtre de l'action jonché de 200 morts ou blessés, disent les auteurs français, couvert de plus de 500 victimes, assurent les chroniqueurs espagnols.

Nous croyons, quant à nous, que les pertes de l'assaillant ne dépassèrent pas 300 hommes, de même que le nombre initial des Français désignés pour l'assaut n'excédait guère 400 soldats[1], car il était difficile d'en lancer davantage à la fois sur l'étroite plate-forme qui accédait à la brèche. Nous ajoutons que l'on dut reconnaître, aux vains efforts tentés pour franchir l'escarpement, l'insuffisante préparation du terrain, l'engorgement de la voie d'accès et l'inutilité de persévérer dans cette entreprise prématurément exécutée, comme toutes celles qui avaient précédé. Il ne fut donc pas question d'appuyer le mouvement par des réserves, ni de renouveler l'attaque à outrance, ainsi qu'au dernier assaut de Tarragone. L'on est, en réalité, trompé à distance par une véritable illusion d'optique sur la raideur de la pente dont l'on ne se rend compte très exactement qu'au pied de la tour elle-même. L'expérience en témoigna cruellement, et l'artillerie dut compléter son œuvre pour mieux ouvrir le passage ; mais, comme nous le verrons, il ne fut pas nécessaire de répéter cette épreuve.

Les Espagnols avouent une perte de 180 hommes. Le gouverneur[2] récompensa l'éclatante résistance de sa troupe par des promotions et décorations.

Les Français retirèrent leurs morts pendant les deux nuits qui suivirent, et les ossements disséminés dans ces parages proviennent principalement des victimes du 18 octobre 1811[3].

Les derniers jours de résistance et la capitulation. — Les assiégés, pour faire connaître au quartier général de Valence

---

[1] Et non 800 grenadiers de la Vistule et Italiens appuyés par 2,000 hommes de réserve au dire d'Andriani, *op. cit.*, p. 44.

[2] Le colonel Sanchez Cisneros, commandant du « Dos de Mayo », terminait son rapport au gouverneur sur l'assaut du 18 en disant : « Nous sommes redevables de la victoire au Dieu des armées et à notre digne général. »

[3] Les gémissements des blessés apitoyaient le gouverneur, mais la situation critique de la défense ne permettait pas de secourir nos malheureux soldats. (ANDRIANI, p. 97.)

leur position critique, laissèrent, à partir de l'assaut, le pavillon en berne comme signal de brèche ouverte. La place du « Dos de mayo » fut immédiatement renforcée et l'on tenta de réparer en partie les désastres de l'artillerie [1]. Mais, dès le 19 au matin, le canon balaya en quelques minutes les travaux de la nuit. Le maréchal Suchet augmenta le nombre de ses batteries qui fut porté à huit, conformément au tableau ci-après :

Avant le 18 octobre.

Extrémité de la ville à l'Ouest.	N° 1. 2 obusiers de 6 pouces.
Face au « Dos de Mayo ».	N° 2. 2 mortiers de 8. N° 3. 4 pièces de 24. N° 4. 2 mortiers de 8. N° 5. 3 obusiers de 6.

Renfort après le 18 octobre.

Face au « Dos de Mayo ».	N° 6. 5 pièces de 24.
A l'Ouest, au bord du fleuve.	N° 7. 2 mortiers de 10 pouces.
A l'extrémité est de la ville.	N° 8. 2 mortiers de 6 pouces.

Total : 8 batteries et 22 pièces.

Un feu terrible s'abattit sur l'acropole pendant les journées suivantes, et la brèche fut non seulement élargie jusqu'à la rendre praticable par dix-huit hommes de front, mais nos artilleurs en ouvrirent deux nouvelles et les travaux d'approche furent poussés à trois toises de la formidable muraille.

Les Espagnols constamment éprouvés par cette tempête de fer succombaient sous le poids de la fatigue. Le gouverneur, employant tous les moyens pour relever le moral des troupes, alla jusqu'à reconnaître lui-même l'état de la brèche en dépit des

---

[1] L'assiégé devait entretenir une fusillade permanente de jour et de nuit afin de maintenir en respect l'assaillant et de prolonger l'impression laissée par la victoire obtenue. (ANDRIANI, p. 46.)

représentations de ses officiers. Plaçant son chapeau à l'extrémité de sa canne, il l'éleva en l'air pour bien le montrer aux assiégeants et s'avança sur un des côtés de la brèche. Soit intentionnellement, soit par cas fortuit, nos artilleurs suspendirent leur feu à ce moment, et Andriani sortit sain et sauf de cette périlleuse entreprise. Ce trait de bravoure et les encouragements répétés des chefs furent impuissants contre l'épuisement physique et moral. Les sentinelles tombaient de sommeil, et c'est en vain que l'aumônier du fort, D. Matias Pintado, allait d'un poste à l'autre pour exhorter les hommes et leur répéter qu'ils devaient vaincre ou mourir. Néanmoins, les infortunés ne perdaient pas tout espoir de salut, car le général en chef ordonnait aux bateaux anglais du port de Valence de croiser en vue de la forteresse et de hisser les signaux de délivrance prochaine [1]. Ces palliatifs ne produisaient, d'ailleurs, qu'une réaction momentanée : « Les bras, dit Andriani dans la brochure qu'il a publiée sur la défense de Sagunto [2], ne suffisent plus pour les travaux et corvées auxquels l'en employait souvent les ordonnances, tambours et cuisiniers. Le service courant, après trente jours consécutifs passés par la troupe sans trève ni repos, ne peut plus être assuré. L'épuisement est à son comble et les lois de la nature prennent le dessus en dépit des alertes, des salves et des promesses de libération immédiate. »

Tel était l'état de la place à l'aube du 25 octobre. Nous verrons plus loin que Suchet impatient d'en finir avec Sagunto cherchait à attirer l'armée de Valence dans la plaine pour se venger sur elle des mécomptes du siège, la mettre en déroute et imposer ainsi à la garnison du fort, privée de tout espoir de salut, la nécessité de déposer les armes. Les événements justifièrent ce calcul. De leur côté, les assiégés voyant enfin commencer la bataille qui devait décider de leur sort secouèrent tout à coup leur torpeur. La plume est impuissante à décrire l'enthousiasme

---

[1] Les assiégés communiquaient au moyen de signaux avec la tour du Miguelete de Valence : mais, outre les 30 kilomètres qui séparent ces deux points le brouillard empêchait souvent de distinguer les signaux de part et d'autre. Les bateaux évoluant autour du port de Sagunto pouvaient, au contraire, en tout temps, échanger leurs impressions avec les défenseurs du port.

[2] *Memoria justificativa de la defensa de Sagunto en 1811.* — Madrid, 1838.

de ces héroïques soldats accourus sur la muraille d'enceinte qui domine la route de Valence afin de suivre les péripéties de la lutte. Ils sont là haletants d'angoisse et déjà persuadés du succès final après les indécisions du début[1]. Nul ne se préoccupe des boulets (1400 en vingt-quatre heures) que nos cinq pièces de 24, soutenues par l'infanterie napolitaine chargée d'occuper l'assiégé pendant l'action, lancent sur la tour du « Dos de Mayo. » Tout à coup le centre espagnol se désagrège : il est percé, enfoncé. Les ailes françaises gagnent du terrain, poussent devant elles les forces adverses ; les masses ennemies s'éloignent, se fondent à l'horizon. La rumeur du combat s'affaiblit graduellement et le silence accable de nouveau la plaine. C'est bien la défaite, car, à portée de canon du fort, défile vers 4 heures du soir, une colonne de 4,000 prisonniers espagnols que l'on achemine vers la France. Tout est perdu pour Sagunto : une irrémédiable stupeur fait place à l'exaltation, et la nuit couvre du même voile le triomphe des uns et le désespoir des autres[2].

Le 26 octobre, vers 9 heures du matin, Suchet désirant éviter à la brave garnison du château les horreurs d'une prise d'assaut qui devenait inévitable, somma le gouverneur de se rendre et l'invita même à dépêcher un officier dans les lignes françaises pour témoigner, après conférence avec les prisonniers, de l'inutilité de la résistance. Le capitaine d'artillerie de Miguel fut délégué à cet effet par Andriani et il s'aboucha avec les généraux Caro et Loy, vit de ses yeux les 4,000 prisonniers provenant de la bataille du Puig et, dès son retour à 2 heures du soir, confirma au gouverneur l'impossibilité soit de tenir plus longtemps, soit de compter sur un secours prochain. Le maréchal

---

[1] Les soldats s'exaltaient jusqu'à lancer en l'air leurs shakos et à crier victoire. Andriani déclare qu'une sortie était préparée, en cas de déroute de l'ennemi, pour la compléter. L'on ne pouvait songer à effectuer cette sortie avant la retraite des Français en raison de la fatigue de la garnison et de la nécessité périlleuse d'employer des échelles pour quitter la place en descendant par l'enceinte du côté sud qui donnait sur le champ de bataille.

[2] Blake pensait encore, prétendent les historiens espagnols, tenter un dernier effort en faveur du château afin d'éviter la capitulation ; mais le brouillard enveloppa la tour du Miguelete et les signaux de Valence ne furent pas aperçus de la place de Sagunto. D'ailleurs, il est reconnu que l'armée espagnole ne pouvait être réorganisée avant le délai d'un mois après la déroute du 25 octobre.

Suchet fit une nouvelle sommation en offrant des conditions honorables, avec une heure de réflexion pour se décider.

Andriani convoqua les principaux chefs et l'on résolut, à l'unanimité, d'accepter la capitulation sous la pression des circonstances. Avant de clore la réunion le gouverneur sonda une dernière fois les dispositions de ses subordonnés et leur dit : « Je suis heureux d'avoir rempli mon devoir, mais, avant de capituler, je désire savoir si quelqu'un d'entre vous se sent en mesure de prolonger la défense. Dans l'affirmative, je cède immédiatement ma place pour combattre comme subalterne ». Personne n'ayant accepté cette proposition, il fallut capituler. Toutefois, et bien que réduit à la dernière extrémité, Andriani discuta les conditions et réclama le droit d'évacuer le fort pour aller rejoindre l'armée espagnole. Cette clause fut repoussée et c'est alors seulement que le commandant s'inclina devant la destinée après trente-quatre jours de siège. A 4 h. 30 du soir, le capitaine de Miguel sortit du fort avec le pli qui contenait l'arrêt fatal.

Le 26, à 9 heures du soir, à la clarté de la lune, la forteresse fut évacuée et les 2,257 hommes de la garnison (2,572, d'après Suchet), arme sur l'épaule, baïonnette au canon et drapeaux déployés, descendirent en formation la brèche qu'ils avaient si vaillamment défendue[1]. Pour juger de la raideur de la pente, il suffit de dire que nos sapeurs durent pratiquer une rampe afin de permettre aux Espagnols de quitter leur rocher. Après avoir consigné dans ses Mémoires cette dernière observation qui donne une idée exacte du terrain et fait justice des critiques espagnoles sur la valeur défensive du fort, Suchet ajoute que l'enlèvement du « Dos de Mayo » supposé effectué, de nombreux obstacles s'opposaient la conquête des autres réduits, de

---

[1] *Capitulation.*— « Article 1er. La garnison sortira par la brèche, prisonnière de guerre, avec les honneurs de la guerre, défilant avec armes et bagages et déposera les armes hors du château. — Article 2. Les officiers conserveront leurs armes, bagages et chevaux et les soldats leurs havresacs. — ..... — Article 4. Deux compagnies de grenadiers français occuperont immédiatement après la signature des présents articles l'une la porte du château et l'autre le fort de San Fernando. — ..... — Article 6. Les malades et les blessés restent sous la protection de la générosité française... » Au camp devant Sagunto le 26 octobre 1811.

telle sorte que l'art d'attaquer et la valeur des troupes pouvaient encore se briser contre ces murailles. Les assiégés déposèrent les armes au pied de la brèche où le général Saint-Cyr-Nugues, chef de l'état-major, présenta au gouverneur le cheval de bataille du maréchal pour se transporter au quartier général de Pétres. Là, Andriani reçut, en présence des généraux français et des chefs du fort, les plus grands éloges de Suchet au sujet de son héroïque résistance.

Les compatriotes du malheureux gouverneur furent moins généreux, car ils l'accusèrent d'avoir livré la place avec une coupable précipitation [1].

Le témoignage des Français rétablit la vérité des choses et Suchet put dire « que son adversaire avait droit à l'estime de ses ennemis comme de ses concitoyens pour sa valeureuse conduite et que, dans de semblables circonstances, il était plus facile de le critiquer que de l'imiter ». Un peu tard, sans doute, le gouvernement de Madrid le jugea ainsi, car, par ordre royal du 20 avril 1840, la défense de Sagunto fut proclamée glorieuse [2]. Andriani reçut la grand'croix de l'ordre militaire de San Fernando, et une médaille d'honneur fut créée pour les braves défenseurs de l'acropole.

---

[1] Le *Journal de la Junte supérieure de Valence* du 1er novembre 1811 attaque durement le brigadier Andriani en lui reprochant de s'être laissé endoctriner sans motifs et de n'avoir pas poussé à fond la défense du château.

« Si notre Blacke, dit, de son côté, Un Défenseur de Sagunto, avait eu des intentions patriotiques, il aurait battu Suchet à la côte d'Oropesa, appuyé sur le château-fort du même nom, avec l'avantage de posséder sur les derrières de l'ennemi la respectable place de Peniscola. Plus tard, il pouvait tenir tête à l'adversaire dans les lignes de Sagunto, soutenu par les feux de l'acropole. Enfin, il devait doter le château-fort de grosse artillerie et ne pas perdre ensuite deux mois en laissant les Français se fortifier à demi-portée de Valence. L'on nous dit : « Si le gouverneur avait attendu seulement trois jours avant de capituler, il aurait été secouru et délivré. » Quelle niaiserie! Comment Blacke aurait-il pu nous secourir avec une armée en déroute et débandée en attendant trois jours de plus, alors qu'il ne l'avait pas fait pendant trente-cinq jours avec une armée intacte! Comment aurait-il trouvé moyen de nous secourir, lui qui passa deux mois et demi sans attaquer les Français établis sous les murs de Valence avec des forces inférieures en nombre? Tu nous a vendus, traître! mais nous avons grandement gagné en te perdant. » (*Un Défenseur de Sagunto*, p. 10 et 11, Orihuela, 1814.)

[2] « *Para siempre gloriosa Sagunto.* » (Gazettes de l'époque.)

Suchet fit occuper solidement le fort et réparer l'enceinte sous la direction du capitaine du génie Morlaincourt. Une puissante artillerie fut mise en batterie, et 1200 hommes aux ordres du général Rouelle séjournèrent dans la place jusqu'au 22 mai 1814, date de l'évacuation décidée en vertu d'un accord entre les commandants des armées belligérantes.

Bataille de Sagunto.

L'assaut du 18 octobre venait d'être donné et repoussé. L'acropole de Sagunto continuait à résister victorieusement et ce boulevard de Valence, toujours menaçant, entravait l'exécution du programme de Suchet, lui faisait perdre un temps précieux que Blacke pouvait mettre à profit, soit pour fortifier les approches de la ville, soit pour préparer son armée à un choc décisif. Dans ces conditions, la réalisation d'un événement susceptible, du même coup, d'ouvrir les portes du château-fort, d'inutiliser l'armée du général Blacke et de dégager la route de Valence jusqu'à l'enceinte paraissait un rêve inespéré, une véritable manifestation de la fortune.

Le maréchal cherchait vainement une combinaison pour forcer le destin, lorsque Blacke vint lui tendre la main en offrant la bataille presque sous les murs de Sagunto. C'était décider du sort de la campagne en un jour, car l'engagement amènerait ou la retraite des Français ou l'investissement et même la prise de Valence, grâce aux renforts que Suchet attendait d'un moment à l'autre.

Par ailleurs, l'on est forcé de reconnaître que Blacke pouvait difficilement et résister aux instances de la population qui demandait à grands cris la délivrance de Sagunto et rester insensible aux signaux d'Andriani annonçant sa défaite prochaine. La tentation de livrer bataille, avec une armée supérieure en nombre et déjà passablement préparée, pour délivrer à la fois Sagunto et Valence, était réellement très séduisante. La critique ne s'est, d'ailleurs, exercée qu'après l'action, lorsque le sort des armes eut décidé de tout et permis à chacun de dicter rétrospectivement des plans d'attaque et de défense. Néanmoins, si, dans le but de couvrir Valence, Blacke avait choisi Castellon de la

Plana comme première ligne d'opérations et Sagunto comme deuxième ligne, avec un camp retranché naturellement défendu par le rio Palencia, il est incontestable que Suchet aurait eu de grosses difficultés à vaincre pour atteindre son objectif[1].

Blacke, disent les auteurs espagnols, aurait peut-être prononcé plus tôt son mouvement en avant, mais il préféra attendre le retour du général Mahy, chargé par lui d'éloigner de Cuenca le général d'Armagnac qui envahissait de ce côté le royaume. Le 24 octobre, dans l'après-midi, il sortit enfin de Valence après en avoir confié la garde à la milice et avoir adressé une proclamation de circonstance à ses troupes. Les habitants, penchés aux fenêtres et balcons, saluaient les combattants qui défilèrent ainsi escortés des bénédictions et encouragements de la population[2].

A la tombée de la nuit, l'armée espagnole campa à proximité des lignes françaises. Elle était composée d'environ 30,000 hommes. La division Zayas, qui s'était acheminée le long de la plage, occupait la droite et disposait d'une réserve de 2,000 hommes aux ordres du brigadier Velasco. Cette réserve garnissait les hauteurs du Puig sur lesquelles le général en chef et son état-major se postèrent également. Une flottille, appuyée par une corvette anglaise, croisait le long de la côte et flanquait très à propos l'aile droite. La division Lardizabal formait le centre à la chartreuse d'Ara Christi qu'elle avait occupée en suivant la route de Sagunto et de Barcelone. Toute la cavalerie espagnole (général Caro) soutenait le centre qui était renforcé par une réserve de 2,000 hommes aux ordres du colonel Liori. La gauche, commandée par le général O'Donnel, comprenait d'abord les divisions Villacampa et Miranda alignées derrière le ravin du Picador et parallèlement au chemin de Calderona jusqu'aux mamelons appelés « los Germanells ». Venait ensuite le général Obispo qui occupait l'extrême gauche, vers Betera, avec mission de déborder l'aile gauche de l'armée espagnole par le défilé de Santo Espiritu. Une réserve de 4,000 hommes, général Mahy, devait appuyer ce mouvement tournant sur la droite française.

---

[1] Napier, *History of the war in the Peninsula*, t. II, p. 520 et 521.
[2] *Chronique espagnole de 1811.*

Pendant la nuit, les officiers détachés par les différents chefs de corps se réunirent au quartier général. Un croquis du terrain tracé par le chef d'état-major, D. Ramon Pérez, fut mis sous leurs yeux, et chacun reçut des instructions particulières avec ordre de commencer l'attaque à l'heure fixée.

Suchet n'eut connaissance du mouvement des Espagnols, dit le comte de Toreno [1], qu'à 11 heures du soir, par l'entremise d'un de ses partisans établi au Puig. Bien qu'une bataille livrée entre deux places ennemies, sans ligne de retraite assurée, présentât les plus grands inconvénients, Suchet n'hésita pas à saisir l'unique occasion qui s'offrait de porter un coup décisif, comptant qu'en rase campagne, avec les troupes qu'il commandait, il aurait le dernier mot de la journée.

Le maréchal prit sur-le-champ ses dispositions pour faire face au danger. Il n'alla pas chercher son adversaire sur un terrain qui ne lui convenait guère comme l'éloignant trop de Sagunto, dans une plaine très étendue et sans abri. Il choisit, au contraire, le théâtre de la lutte et attendit Blacke entre la Méditerranée et les collines du Val de Jésus et de Santo Espiritu, exactement à l'endroit le plus resserré de la « huerta », c'est-à-dire face au promontoire terminal de la montagne qui plonge sur la mer en n'abandonnant à la vallée qu'un étroit couloir favorable à la concentration d'une troupe inférieure en nombre. Tel était le cas pour Suchet dont l'effectif pouvait s'élever au maximum à 19,000 combattants, à 18,000, d'après nos historiens.

Sa droite, appuyée au massif indiqué, était formée par la division Harispe, qui s'étendait jusqu'à la route de Sagunto, donnant la main à la division Habert, déployée sur la gauche depuis la route de Sagunto jusqu'à la mer. Derrière ces forces, le général Palombini arrivait en seconde ligne avec une partie de l'infanterie italienne, et le général Boussard faisait réserve à la tête du 13e régiment de cuirassiers et du 24e régiment de dragons. A l'extrême droite, le général Robert avec sa brigade et les dragons de Napoléon, fut chargé de défendre la gorge de Santo Espiritu, et Suchet, justement pénétré de l'importance de ce défilé conduisant de Betera à Gilet, c'est-à-dire sur nos derrières,

---

[1] *Histoire de la guerre d'Espagne*, t. II, p. 391.

fit couronner la crête des montagnes par le 44e de ligne, sous les ordres du général Chłopicki. La préoccupalion du maréchal le porta même à poster le général Compère, avec les Napolitains, à Petres et Gilet, afin de mieux assurer une retraite éventuelle par cette voie et d'observer, en outre, la route de Segorbe, qui pouvait nous ménager de fâcheuses surprises.

Le but des Espagnols paraissait être de nous tourner par les montagnes ; aussi le général français multiplia-t-il les moyens de défense de ce côté, qui était d'ailleurs manifestement le plus menacé, puisque les Espagnols avaient accumulé à leur gauche, face aux collines, environ 12,000 combattants[1].

Quatre bataillons italiens et deux bataillons du 117e avaient été laissés devant le fort de Sagunto pour parer à une sortie possible des assiégés, et nos batteries de brèche recommençaient leur feu dès l'aube du 25 octobre. Mais, la garnison, au lieu d'effectuer une sortie en masse qui eût pesé dans la balance, était réunie sur les remparts pour suivre des yeux les péripéties de la lutte, sans même prendre garde aux progrès de la brèche à laquelle chefs et soldats tournaient le dos, tout entiers au spectacle qui les fascinait.

Il résulta de cette attitude que les plus intéressés au succès furent les seuls qui demeurèrent inactifs.

Le 25, vers 7 heures du matin, l'armée française, alignée sur ses positions, attendait avec calme le choc des troupes espagnoles qui s'ébranlèrent bientôt pour venir à elle. Pendant que le canon tonnait sur les hauteurs de l'acropole de Sagunto, le maréchal Suchet, à cheval dès la première heure, reconnaissait le terrain de l'action suivi d'une escorte de cinquante hussards. Il était au lieu dit « les Ostalets », près de Pouzol, et cherchait à découvrir les mouvements de l'ennemi masqué par les oliviers et les caroubiers qui abondent dans ces parages. C'est alors que nos tirailleurs signalèrent l'arrivée des Espagnols et se replièrent sur toute la ligne. A ce moment, Suchet remarqua sur la droite un mamelon isolé assis comme en faction au pied des hauteurs du

---

[1] Blacke supposait que son adversaire tournerait son principal effort du côté de la route de Betera, terrain propice aux déploiements et aux charges de cavalerie. D'autre part, il redoutait, en cas d'échec, d'être enveloppé et acculé contre la plage. (*Gazette de Valence* du 29 octobre 1811.)

Val de Jésus et vers lequel les fantassins de Lardizabal se diri-
geaient avec précipitation.

Résolu à occuper ce point, il s'y porte au galop, y établit ses
hussards et prescrit à la division Harispe de s'en emparer et de
s'y maintenir.

Mais les Espagnols, profitant de leur avance, escaladent la
pente, délogent les hussards et prennent position en mettant en
batterie quelques pièces sur le sommet du mamelon. En même
temps, les colonnes de Blacke débouchent sur la grande route et
sur Pouzol avec un entrain que l'on n'avait pas encore observé
dans toutes les actions précédentes. A cette vue, la garnison
de Sagunto pousse des cris de joie qui sont couverts par la formidable voix de l'artillerie de brèche.

Cependant, la division Harispe, devancée par les Espagnols,
atteint le pied du mamelon. Elle attaque sur-le-champ, lançant
d'abord en colonnes, par bataillon, le 7e de ligne, suivi à faible
distance des 116e et 3e de la Vistule, déployés par échelons.
L'élan des Espagnols et ces premiers avantages dus à la rapidité
de leur offensive devaient être contrecarrés sans retard par une
action d'éclat de nos troupes, afin de soutenir le moral du soldat
et d'abattre quelque peu cette confiance de l'adversaire, qui provoque souvent le succès. Chacun se rendait compte, d'ailleurs, de
la valeur de ce monticule qui dominait la plaine et devenait la
clef de la position. Aussi, les généraux français prenant la tête
des colonnes les conduisent eux-mêmes à l'assaut « sans tirer et
sans courir [1] ».

Le 7e de ligne, commandé par le major Durand, essuie le feu
des Espagnols et parvient au sommet du mamelon où une résistance terrible se produit. La mêlée est sanglante et les assaillants
sont repoussés plusieurs fois, dit le comte de Toreno ; mais,
enfin, les Français culbutent leurs adversaires à la baïonnette et
les refoulent en désordre jusqu'au ravin del Picador. Dans cette
action, le général Paris est grièvement blessé, ainsi que les aides
de camp Péridou et Troquereau. Le général Harispe, le colonel
Mesclop et nombre d'officiers ont leurs chevaux tués.

Pendant cet engagement, les deux ailes de l'armée espagnole

---

[1] Suchet, *Mémoires.*

prenaient résolument l'offensive, et Zayas manœuvrait avec habileté pour tourner notre gauche en se rapprochant de Sagunto, entre la mer et la division Habert.

Suchet, heureux dans ses décisions et prompt à profiter des circonstances, remarque instantanément cette position des ailes qui vont se trouver en l'air pendant que le centre espagnol refoulé s'isole de plus en plus de ses appuis de droite et de gauche. Un effort décisif sur le centre et l'ennemi sera coupé en deux. Il faut, du reste, continuer la lutte avec vigueur contre Lardizabal, car les troupes de ce général se rallient, tiennent ferme et reprennent leur objectif vers le mamelon.

C'est ainsi que l'ennemi inspire lui-même au maréchal la tactique savante qui va décider de la journée.

Blacke ne parut point soupçonner le danger puisqu'il ne renforça pas son centre menacé et ne prescrivit point aux commandants des ailes de ralentir leur mouvement pour éviter d'être l'un ou l'autre enveloppé par les Français. Suchet, bien pénétré de son plan et plein de confiance dans ses lieutenants, impose la défensive et le *statu quo* à ses ailes afin d'attirer la droite et la gauche espagnoles en aggravant ainsi l'isolement du centre qu'il se dispose à écraser. A cet effet, le général Palombini, qui est en seconde ligne, reçoit l'ordre de marcher en avant pour appuyer la division Harispe. Seuls, les cuirassiers restent en réserve. C'est la dernière ressource en cas d'échec, et rien n'oblige encore à les engager.

L'infanterie de Lardizabal, remise de son alerte, revient à la charge contre le mamelon, et toute la cavalerie des généraux Loy et Caro seconde cette énergique reprise du combat. Le chef d'escadron Duchand, de l'artillerie de la division Harispe, s'étant porté trop en avant avec ses batteries afin de tirer à mitraille sur les masses de Lardizabal, contient un instant son élan; mais il fournit lui-même une cible à la cavalerie espagnole, qui profite sur-le-champ de cette aubaine pour charger notre artillerie. Les hussards français s'élancent à leur tour : ils sont sabrés, rompus et ramenés avec impétuosité. Les cavaliers espagnols du colonel Ric tombent au milieu de la batterie, massacrent bon nombre des servants et s'emparent de quelques pièces.

L'heure semblait critique; mais avec les soldats de Suchet rien n'était compromis, car le 116e d'infanterie, contre lequel la cavalerie ennemie précipite sa charge, est commandé par un chef que cette tempête humaine ne trouble pas. Un changement de direction le porte face aux escadrons de Caro et une fusillade meurtrière partie de ses bataillons arrête et fait rétrograder l'avalanche.

Le maréchal sent que la fortune peut tourner d'une minute à l'autre et il aborde les cuirassiers, dont l'assiette tranquille et majestueuse contraste avec l'agitation des combattants. Cette réserve, solide comme la montagne qui se dresse à ses côtés, attend le signal de la charge avec le calme que donne la force. Suchet, s'adressant au général Boussard et aux cuirassiers les plus proches, prononce quelques paroles ardentes, rappelle les triomphes dûs à leur vaillant concours et convie ces hommes de fer au banquet de la victoire. Pendant cette allocution, une balle atteint le maréchal à l'épaule; la blessure n'étant pas grave, il reste à cheval sans souci de la douleur. Les cuirassiers sont alors saisis d'un vertige guerrier; ils s'ébranlent au commandement du général Boussard et les quatre escadrons fondent au galop de leurs 600 chevaux sur la cavalerie espagnole, qui s'écroule littéralement sous le choc irrésistible de cette masse. Nos pièces sont reprises et une partie de l'artillerie ennemie tombe bientôt en notre pouvoir. Les généraux Caro et Loy, donnant l'exemple d'une indomptable valeur, sont blessés et pris, ainsi que nombre d'officiers. Cette charge mémorable du 13e cuirassiers décide de la victoire.

Cependant, la division Harispe et la brigade Palombini, suivant nos escadrons, balayent le terrain et achèvent le désastre de l'infanterie espagnole, déjà très ébranlée par les cuirassiers, qui sabrent toujours à outrance.

L'on recueille de nombreux prisonniers et la fuite seule permet aux survivants de s'échapper, en dépit des efforts des deux officiers d'état-major D. Antonio Burriel et Zarco del Valle, dépêchés par Blacke pour rétablir le combat. Les dragons de Numance, rompus par les nôtres, entraînent ces deux chefs dans leur retraite.

A peine le maréchal a-t-il noté le triomphe de son plan sur le centre ennemi, qu'il enjoint au général Habert, resté jusque-là sur la défensive, d'attaquer la division Zayas. Les résultats de la charge de Boussard sont connus, et une ardeur fébrile enflamme chefs et soldats autant à l'aile gauche, division Habert, qu'à l'aile droite, maintenant victorieuse.

Le général Zayas est déjà fixé sur le sort de Lardizabal et la retraite de ce dernier le laisse dans une position critique. Néanmoins, il lutte avec une opiniâtreté remarquable contre les grenadiers français et nous cause des pertes sensibles. L'aide de camp de Billy a le bras emporté par un boulet et le village de Pouzol, énergiquement défendu, est le théâtre d'une action acharnée. Les deux bataillons de gardes wallonnes, composés principalement de cadets de famille du Nord de la France, de la Belgique et des Pays-Bas, se sont retranchés dans l'intérieur de ce village et opposent une résistance désespérée à nos troupes. Le général Montmarie, à la tête du 16e de ligne et du 5e léger, est chargé d'enlever cette position, pendant que le général Habert en personne s'élance sur le même point suivi d'un bataillon du 117e de ligne et d'un peloton de dragons. Les Espagnols reculent et sont enfin forcés après un sanglant corps à corps, en abandonnant 800 prisonniers[1].

Refoulée sur toute la ligne[2], la division Zayas gagne en bon ordre et sans panique les hauteurs du Puig, où elle fait front une dernière fois. Pendant ce temps, le colonel Delort, du 24e régiment de dragons, resté en réserve à la gauche des cuirassiers, profitant avec à-propos de la déroute de l'ennemi pour consommer sa ruine, exécute, en suivant la route de Sagunto, une charge décisive contre les malheureux fantassins de Lardizabal. Nos dragons, impatients de se distinguer à leur tour, renouvellent leurs exploits de Tarragone, atteignent l'infanterie, sabrent tout sur leur passage et poussent les débris du centre jusqu'à la chartreuse d'Ara Christi, après s'être emparés de deux pièces de canon.

Lardizabal étant en pleine retraite sur Valence, restait la divi-

---

[1] Les munitions étant épuisées, Zayas demanda des cartouches au général en chef qui lui enjoignit de battre en retraite. (*Gazette de Valence* du 29 octobre 1811.)

[2] Les débris des gardes wallonnes abandonnés par suite d'un faux mouvement du corps des Impériaux de Tolède et dépourvus de cartouches réclamèrent à deux reprises la charge à la baïonnette. Enveloppés par les Français, ils durent déposer les armes. (*Gazette de Valence* du 29 octobre 1811.)

sion Zayas, qui occupait, après son premier échec, les hauteurs
du Puig, où le général Blacke se tenait depuis le commencement
de l'affaire, découvrant de là les mouvements de toute son
armée, ainsi que l'on s'en rend facilement compte en inspectant
les lieux. Une réserve d'artillerie, sous les ordres du brigadier
Velasco, garnissait les mamelons. Il fallut recommencer le combat. Le général Montmarie attaqua de front et Palombini sur la
droite. Le bataillon du 117e de ligne, commandant Passelac,
gravit les pentes assez escarpées avec une résolution sans égale
et la position fut enlevée : cinq bouches à feu tombèrent en
notre pouvoir. Il était 4 heures du soir ; les forces de Zayas
reprirent leur mouvement de retraite sur le Grao de Valence et,
à l'instar des régiments décimés de Lardizabal, se réfugièrent
de l'autre côté du Guadalaviar.

Si notre succès était complet au centre et à la gauche, notre
aile droite avait, de son côté, dignement soutenu l'honneur des
armes. La division Obispo, à cheval sur la route de Naquera à
Gilet, prenait l'offensive dès le début de la journée, à l'extrême
gauche espagnole, pour enfoncer Robert qui lui faisait face et
gagner nos derrières, suivant le plan du général Blacke. Le
général Robert, pénétré de l'importance de sa position, qui était
la sauvegarde de l'armée, se maintint bravement à son poste et
repoussa victorieusement son adversaire. Le général O'Donnel,
constatant l'inutilité des efforts de son lieutenant, prescrivit à
Villacampa d'appuyer le mouvement de la division Obispo. Puis,
il fit ébranler également le corps de Miranda avec le même
objectif pendant que les forces de Mahy postées plus en arrière
suivaient l'impulsion générale. A cette vue, le brave Chlopicki,
contre lequel était dirigée l'attaque combinée, forme son infanterie par masses, et le colonel Schiazzetti, commandant les dragons italiens, reçoit l'ordre de se préparer à charger. Les Espagnols descendus des « los Germanells » commençaient à se
déployer, lorsque notre cavalerie, lancée à toute bride, passe sur
le corps de l'avant-garde et traverse la ligne ennemie en répan-
dant dans les rangs une confusion désastreuse. Notre infanterie,
opérant en même temps que la cavalerie, atteint l'adversaire
avant qu'il ait pu se reformer, achève l'œuvre entreprise et fait
mettre bas les armes à des bataillons entiers. Miranda, par sa
formation défectueuse et sa marche exécutée parallèlement à

celle de nos colonnes, fut abordé de flanc et mis dans une déroute irrémédiable. Ces troupes refoulées viennent donner dans le corps de Mahy, et le général Chlopicki, ardent à la poursuite, se trouve bientôt et très heureusement en contact avec la droite de la division Harispe, qui venait d'écraser les autres troupes de O'Donnel. Manœuvrant de concert, les deux généraux chassent devant eux les fuyards et rencontrent enfin le général Mahy, établi en arrière et ralliant péniblement les corps dispersés qui viennent jeter l'alarme dans ses rangs. Vivement attaqué, le malheureux général Mahy ne put soutenir le choc et dut se retirer sans avoir été en mesure, à cause de sa marche trop lente, de prêter main-forte aux troupes engagées avant lui, ni, pour le même motif, de prévenir la débandade ou de la contenir. Les Espagnols précipitent leur retraite vers Betera, mais notre cavalerie serre de près les colonnes et parvient à couper plusieurs bataillons avant le passage du torrent de Caraixet ; ces unités mettent bas les armes.

La nuit est venue et les derniers efforts du maréchal Suchet se portent de ce côté du champ de bataille, la poursuite se continuant jusqu'à 10 heures du soir. Grâce aux régiments de Cuenca, Avila et Molina, la division de Mahy fut sauvée d'une destruction complète. Ces régiments protégèrent, en effet, la retraite avec vaillance et donnèrent à la masse des fuyards le temps de repasser le Guadalaviar, pour se réunir à Ribarroja.

Nos pertes s'élevèrent à 128 morts et 596 blessés. Celles de l'ennemi furent de près d'un millier d'hommes hors de combat et de 4,681 prisonniers [1], dont 2 généraux, 40 officiers supérieurs et 230 officiers. En outre, 4 drapeaux, 4,200 fusils et 12 pièces de canon avec leurs caissons restèrent entre nos mains.

Les résultats de cette bataille furent considérables : Sagunto capitula le lendemain, et Valence, désormais dégarnie de l'armée qui en défendait les approches, pouvait être investie.

Sagunto reçut l'artillerie de siège, les malades et les munitions. D'autre part, nos lignes de communication jusqu'à l'Èbre étaient complètement assurées depuis la prise du fort d'Oropesa, qui commandait la route de Tortose.

---

[1] 3,922, d'après le comte DE TORENO, t. II, p. 393.

Pour se rendre maître de Valence, le maréchal disposait d'une armée trop réduite, environ 17,000 hommes. Il sollicita, en conséquence, par l'envoi de courriers répétés sur Paris, l'arrivée de renforts importants dans le plus bref délai possible.

Occupation de la rive gauche du Guadalaviar.

Depuis le 26 octobre, les troupes françaises couvraient la ligne de Puig à Betera et Liria. Quoique insuffisantes pour mener les opérations à leur terme final, elles pouvaient préparer le dénouement en refoulant l'adversaire derrière ses retranchements. Suchet prescrivit donc un mouvement en avant afin de s'établir tout contre la rive gauche du Turia et d'attendre dans cette position l'arrivée des renforts qui lui permettraient de compléter l'investissement et d'emporter la place. La division Habert se porta sur le Grao, qu'elle occupa solidement. Trois redoutes furent élevées dans cette direction par le général Rogniat, commandant le génie. Ce travail s'exécuta face au pont de la mer dont l'artillerie ne cessait de battre nos ouvrages qu'elle dominait. Ces redoutes étaient entourées de fossés pleins d'eau et reliées entre elles par des abatis[1]. L'on distinguait facilement

---

[1] L'on est en droit de s'étonner que Suchet n'ait rencontré aucun obstacle dans sa marche depuis Sagunto jusqu'au Guadalaviar. L'immense plaine qui règne aux abords de Valence, avec ses innombrables canaux, ses flancs formés par la montagne, d'une part, et par la mer, de l'autre, semblait propice à des travaux de défense qui auraient entravé l'offensive de nos troupes. Telle est l'opinion consignée dans la brochure du temps intitulée : *Idée succincte des derniers événements de Valence*, par un Patriote. — Cadiz, imprimerie Tormentaria, 1812.

Le marquis del Palacio, qui était le général en chef avant Blacke, et qui fut brusquement remplacé par ce dernier aux termes d'un ordre royal du 14 juillet 1811, expose comme suit son plan de campagne pour la défense du royaume de Valence :

« Je me proposais, en premier lieu, d'arrêter et de contenir l'ennemi à la plus grande distance possible de Valence. C'est ainsi que je comptais le fatiguer et l'affaiblir en luttant pied à pied depuis Tortosa jusqu'aux abords de Sagunto. Il convenait de fortifier et de garnir de troupes le château-fort de cette place, mais j'estimais que le meilleur moyen de préserver le château était de défendre ses positions offensives et de nous maintenir sur cette ligne très importante avec acharnement.

« La seconde partie du plan portait sur la plaine couverte d'arbres qui s'étend de Sagunto à Valence. Je considérais, en effet, ces parages comme un

de là les retranchements espagnols établis le long du Turia, entre le mont Olivete et le Lazaret, qui est devenu le village maritime de Nazareth, adossé à la plage.

Au centre, le faubourg de Serranos comptait plusieurs couvents et surtout celui de Santa Clara ou de la Trinité et le collège de Pie V, qui étaient de véritables forteresses.

Il fallut enlever les maisons une à une et l'on dut pratiquer une brèche dans le couvent de Santa Clara par la sape et la mine. Les Espagnols se réfugièrent sous les murs de Valence et nos troupes prirent position dans le faubourg, qu'ils rendirent inexpugnable en crénelant les maisons et principalement celles qui donnaient sur le quai, afin de balayer de leurs feux les abords du pont de Serranos. Le couvent de Sainte-Claire ou de la Trinité fut converti en réduit et l'on relia toute cette ligne défensive aux trois redoutes édifiées en avant du pont de la mer.

A la droite, les villages de Marchalenes, Benicalaf et Paterna furent enlevés le 3 novembre, et le général Habert s'installa dans ce dernier bourg, situé sur une éminence, au faîte de laquelle existent une sorte de château actuellement converti en caserne et une vieille tour mauresque qui permet de surveiller la « huerta » et de dominer Valence. Le village de Campanar, caché dans une courbe du fleuve et enveloppé de trois côtés par les feux des

---

bois presque infranchissable, si les habitants y pratiquaient des travaux rendus faciles par la disposition du terrain, en utilisant les canaux, clôtures et chemins creux. L'inondation préparée d'avance, les coupures sur la plage du Grao, le concours de 8,000 à 9,000 hommes en guérillas auraient puissamment aidé les troupes régulières chargées de l'occupation des routes principales, avec des tranchées et des parapets pour abris.

« La troisième ligne devait être formée par les faubourgs de Valence, aménagés à cet effet, et les fortifications de la place. Les corps disponibles se répartissaient au dehors afin d'empêcher l'investissement de la ville.

« Enfin, ma quatrième et dernière défense consistait dans le concours des forces vives du royaume de Valence, les habitants appuyant les milices et les guérillas par tous les moyens en leur pouvoir.....

« Tel était mon plan militaire qu'il ne m'a pas été possible de réaliser dans l'espace de trente-six jours que dura mon commandement. » (*Lettre du général marquis del Palacio. — Cadix, imprimerie Termentaria, 1812.*)

Le marquis del Palacio resta capitaine général du royaume de Valence jusqu'au 27 octobre 1811, date de l'ordre royal qui réunit, entre les mains du général Blacke, tous les pouvoirs, écartant ainsi de l'armée le général del Palacio, dont les talents militaires nous paraissent avoir été quelque peu méconnus par ses contemporains.

Espagnols, fut laissé en dehors de notre action. L'on avait ainsi créé une ligne de circonvallation depuis le port jusqu'au-dessus de Valence ; mais il était téméraire, avant l'arrivée des renforts, de traverser le fleuve pour rejeter l'ennemi dans la place et compléter l'investissement. Suchet aurait peut-être, au surplus, exécuté cette opération à défaut du secours attendu, car ses travaux de la rive gauche suffisaient à contenir l'assiégé avec très peu de monde, la majeure partie des troupes restant disponible pour l'attaque de la rive droite. Son artillerie de siège préparée à Tortose était, d'ailleurs, sous les murs de Sagunto ; elle se composait de 36 pièces de gros calibre et de 24 mortiers ou obusiers.

Cet appareil de guerre n'avait rien d'exagéré, lorsque l'on se forme une idée des difficultés à vaincre. L'armée espagnole, après la déroute de Sagunto, avait, en effet, été ralliée par Blacke sur la rive droite du Turia. Elle était, d'un côté, appuyée à la mer et, par suite, garantie sur ce flanc de toute surprise. Des retranchements la protégeaient contre les attaques de l'autre rive jusqu'au pont de la mer, le dernier construit sur le Turia vers son embouchure.

Depuis le mont Olivete jusqu'au pont de San José, un vaste camp retranché, englobant les faubourgs de Ruzafa, de Saint-Vincent et de Cuarte, fermait complètement l'accès des approches de Valence sur tous les points qui n'étaient pas couverts par le fleuve lui-même, défense naturelle enveloppant d'autant mieux les deux tiers de la ville que le Guadalaviar forme vers le Nord une sorte de boucle, au fond de laquelle est assise la vieille cité.

La ligne du camp retranché remplaçait un bras du fleuve qui aurait abandonnés le cours principal au-dessu de Valence pour aller le retrouver au-dessous de la ville, après avoir converti la place et les faubourgs en une île véritable.

Au delà de ce camp retranché et en remontant le Turia sur sa rive droite, les Espagnols occupaient Mislata et s'étaient échelonnés jusqu'à Manissès, qui formait, en même temps que le village de Cuarte, la tête de tous les ouvrages. Ces deux centres avaient été soigneusement fortifiés pour arrêter l'ennemi. L'infanterie et l'artillerie garnissaient cette enceinte énorme. Quant à la cavalerie, cantonnée à Aldaya et Torrente, elle prévenait les mouvements tournants et soutenait l'aile gauche des troupes de Blacke.

Si les Espagnols attachaient tant d'importance à la possession de Manissès, c'est que les innombrables canaux qui sillonnent la plaine de Valence et lui apportent, avec l'irrigation journalière, une fertilité peu commune, ont leur point d'origine à Manissès, d'où part le bras principal. Pour éviter de les traverser et s'affranchir ainsi des mille difficultés que présentaient les opérations dans ce dédale de ruisseaux souvent larges et profonds, il suffisait de s'emparer de Manissès qui les commandait tous et de les mettre à sec. Le grand effort devait donc, de part et d'autre, porter sur ce village.

Valence comptait environ 100,000 âmes, était pourvue de vastes magasins et abritait d'importantes réserves de troupes[1]. Elle était défendue par un mur d'enceinte de 30 pieds de hauteur sur 10 d'épaisseur. Des batteries régnaient de distance en distance, établies sur de fortes charpentes qui remplaçaient les terrassements non existants. Un fossé plein d'eau entourait la

---

[1] L'Angleterre était représentée à Valence par un consul, M. Tupper. Cet agent adressa aux Espagnols et aux soldats de l'armée française une proclamation qu'il n'est pas possible de laisser tomber dans l'oubli. Reproduite par le *Diario de Valence* du 16 octobre 1811, elle contient un pressant appel en vue d'encourager la désertion des soldats de l'armée de Suchet. 100 francs de gratification sont promis par l'Angleterre à chaque déserteur et 10 francs à tout habitant qui conduit un déserteur au quartier général de Valence. Les hommes, en passant a l'ennemi, doivent jeter leur fusil et prononcer le mot « pasado », afin d'obtenir la protection nécessaire. On leur offre du service dans l'armée anglaise ou le transport à bord d'un bateau à destination du point qu'ils désigneront.

Ce qui frappe le plus dans la lecture des journaux de 1811 et 1812 c'est l'enthousiasme extraordinaire qui règne en Espagne au sujet de l'alliance anglaise. Les Espagnols paraissent entièrement convaincus que la Grande-Bretagne leur apporte son concours décisif uniquement dans le but désintéressé de libérer la Péninsule de l'invasion française. Par la suite, les historiens espagnols eux-mêmes ont fait bonne justice de cette éclatante erreur.

Certaines brochures de l'époque décernent de grands éloges au consul britannique, M. Tupper, ce patriote anglo-espagnol, qui rendait, assure-t-on, de précieux services à Valence, depuis la révolution de 1808. Cet agent, comprenant, à l'instar des meilleurs officiers de l'armée de Blacke et des gens compétents de toute catégorie, que ce général se replierait sur le Jucar, dès l'apparition des Français, en laissant seulement une garnison dans Valence, avait établi à Denia un important dépôt de munitions de bouche et de guerre qui tomba entre les mains de nos troupes après la capitulation de Valence.

muraille sur une partie de l'enceinte. De plus, deux bastions avaient été récemment construits du côté des faubourgs de Sainte-Catherine et de Ruzafa, et les portes étaient protégées par des ouvrages en terre armés de canons. Le fleuve formait une autre barrière que l'armée française devait d'abord franchir pour emporter la place.

En attendant les renforts promis, nos troupes postées le long du Turia surveillaient les Espagnols, effectuaient des reconnaissances journalières et préparaient leur mouvement offensif. L'on traversait souvent le Guadalaviar, tantôt sur un point, tantôt sur un autre, et l'on constatait que le nombre des ennemis grossissait en même temps que la valeur défensive de leurs retranchements.

Plusieurs combats partiels étaient, d'ailleurs, livrés autour de Valence, mais ces opérations étaient indépendantes du siège lui-même. Elles tendaient à éviter les rassemblements et coups de main des Espagnols sur nos derrières et le long de notre ligne de communication. Ces engagements sortant quelque peu du cadre de notre récit, nous n'avons qu'à les signaler brièvement. C'est ainsi que le colonel Millet, établi à Segorbe avec le 121ᵉ d'infanterie, attaqua et dispersa à plusieurs reprises les bandes organisées qui menaçaient la route de Tortose aux environs de Castellon de la Plana.

Le général Mazzuchelli soutint le 7 novembre un combat sanglant contre les troupes de Duran qui avaient enlevé le poste d'Almunia. Il perdit 200 hommes, mais infligea un échec meurtrier à son adversaire.

Le chef de bataillon Bugeaud et le chef d'escadron Colson repoussèrent, l'un à Monfuerte et l'autre près de Maynar, des partis ennemis qui évoluaient dans ces directions.

Cependant, d'après les ordres formels et précis de Napoléon lui-même, le général Reille pénétrait en Aragon avec les deux divisions de la réserve qu'il commandait. Ces troupes comprenaient la division Severoli formée des 1ᵉʳ léger, 1ᵉʳ et 7ᵉ de ligne et 1ᵉʳ régiment de chasseurs à cheval italiens. Venait ensuite la division française avec les 10ᵉ, 20ᵉ, 60ᵉ et 81ᵉ régiments d'infanterie de ligne et le 9ᵉ hussards. Ces forces, aux ordres du général comte Reille, présentaient un effectif de 14,000 combattants répartis entre 22 bataillons et 6 escadrons;

elles étaient suivies de 40 bouches à feu. Le 24 décembre ce puissant renfort, moins la brigade Pannetier qui rejoignit plus tard, se trouvait à Segorbe où le maréchal vint le passer en revue à la même date. Très satisfait de la belle tenue de ces troupes, Suchet résolut de les employer sur-le-champ et d'enlever la place sans attendre d'autres secours. Le général Montbrun, détaché de l'armée de Marmont qui opérait sur le Tage, accourait, en effet, avec deux divisions, l'une d'infanterie et l'autre de cavalerie. Quant au maréchal Soult, également invité à prêter son concours à Suchet, il répondit à Napoléon que, du fond de l'Andalousie, l'on pouvait difficilement exécuter ce programme. L'événement démontra qu'il avait agi avec discernement.

Cette mobilisation énorme autour de Valence révélait l'importance capitale que l'Empereur attachait à la prise de la ville. C'était la troisième expédition dirigée sur cette place, et les deux premiers échecs marquaient nettement et la difficulté de l'entreprise et la portée du succès qui devait produire une grosse impression morale sur la population du royaume.

A la tête des 33,000 combattants que l'arrivée de Reille lui mettait dans la main, Suchet précipita les événements : il s'agissait d'empêcher Blacke de se mettre en garde contre ce nouveau danger ; il s'agissait aussi d'opérer avant la jonction imminente du général Freyre avec l'armée de Valence. Le général Darmagnac fut, du reste, signalé dans la direction de Cuenca, et cette nouvelle décida Suchet. Le général Reille reçut ordre de se porter à Liria et, de là, face à Ribarroja, sur la rive gauche du Guadalaviar, afin de remplacer les troupes que l'attaque générale allait enlever à cette rive et de contenir les Espagnols, si l'idée de s'échapper de ce côté venait à l'esprit de Blacke en profitant de la faiblesse momentanée de notre ligne.

Tout était prêt dans les camps pour le passage : l'attaque principale devait se porter sur Manissès, point supérieur à celui où les canaux qui sillonnent les abords de Valence prennent naissance. En fermant immédiatement les écluses, ces canaux seraient mis à sec. Le mouvement tournant vers le Sud-Ouest de Valence, pour compléter l'investissement, devenait ainsi très praticable par l'inutilisation de la défense naturelle, l'inondation, sur laquelle l'ennemi comptait le plus.

Passage du Guadalaviar et bataille de Mislata.

Dans la nuit du 25 au 26 décembre, le capitaine du génie Dupau fit construire un pont sur chevalet à une lieue au-dessus de Manissès avec un matériel disposé d'avance aux abords du fleuve. Ce travail fut protégé par 200 voltigeurs, qui traversèrent à gué, montés en croupe derrière des hussards.

Les postes espagnols, habitués à ces incursions, se replièrent et ne parurent pas démasquer nos préparatifs.

Dès le lever du jour, la division Harispe franchit ce pont sans coup férir.

La division Musnier et le général Boussard, avec la cavalerie, suivirent le mouvement et, vers 8 heures du matin, les troupes se trouvèrent formées en ligne sur la rive droite.

En attendant le général Reille, dont les hommes marchaient nuit et jour depuis près de trente heures, le général Ferrier et les Napolitains étaient chargés d'arrêter, dans le faubourg Serranos et les redoutes, toute tentative des Espagnols, s'ils avaient l'inspiration de passer les ponts et de traverser notre ligne pour échapper à l'investissement.

C'était là le danger le plus redoutable; mais, en vue de détourner l'attention de l'ennemi de cette route, la division Habert, réunie au Grao, devait attaquer les retranchements du Lazaret et les lignes du mont Olivete; attirer ainsi vers notre aile gauche une grande partie des troupes espagnoles et permettre à notre aile droite de déborder les positions de Blacke, d'occuper la route de Murcie et de pousser jusqu'à l'Albuféra, pour couper à l'ennemi toute retraite vers les rives du Jucar. L'on prévoyait avec raison qu'en observant le mouvement tournant du général Harispe, les Espagnols profiteraient de la trouée encore libre vers le Jucar, plutôt que d'être cernés et refoulés dans la place.

Afin de dissimuler nos plans le plus longtemps possible et de maintenir l'ennemi dans ses positions, la division italienne postée entre Benimamet et Campanar et chargée d'enlever les retranchements de Mislata resta dans l'expectative jusqu'à 10 heures du matin. L'on n'avait, d'ailleurs, commencé aucun préparatif ostensible pour jeter un pont.

A part cet atermoiement, prémédité, qui donnait à Reille la facilité d'arriver et de garnir la rive gauche, l'action s'engagea en même temps aux deux extrémités de notre ligne, c'est-à-dire à Manissès et au Grao.

La division Harispe et la cavalerie réunies sur la rive droite contournèrent vivement Manissès pour dépasser Torrente. La difficulté était de franchir le ravin large et profond qui couvre cette localité.

Aux abords du village d'Aldaya, l'escadron de hussards formant l'avant-garde des troupes du général Harispe ne put discerner à travers les caroubiers et les oliviers l'emplacement de la cavalerie espagnole et fut surprise par les escadrons de D. Martin de la Carrera.

Chargés et rompus, nos hussards refluèrent sur l'infanterie en abandonnant aux mains de l'ennemi le général Boussard blessé et laissé pour mort par le cavalier Antonio Frondoso, du régiment de Fernando VII. Son aide de camp Robert et plusieurs hussards succombèrent en voulant protéger le général.

Cet élan des Espagnols fut de courte durée, car il se brisa contre nos fantassins et, à leur tour, nos escadrons surexcités par la disparition de leur chef fondirent sur la cavalerie adverse qui, poussée jusqu'à Torrente, abandonna le champ de bataille et s'échappa vers Alcira. Le général Boussard, recueilli mourant, survécut à ses blessures ; quelques prisonniers furent ramassés pendant la charge.

Le général Harispe, après avoir dépassé Torrente, arrêta son mouvement enveloppant sur Catarroja jusqu'à l'entrée en ligne des colonnes de Reille.

Dès que celles-ci furent signalées, il reprit la marche vers l'Albuféra, et le général Musnier, laissé en observation devant Manissès, attaqua cette position ainsi que l'ermitage de San Onofre. Comme les défenses élevées par les ordres de Blacke ne couvraient ces points que sur le front le plus menacé, les Français assaillirent à revers les ouvrages ennemis sans rencontrer grande résistance.

Le général Mahy occupait Manissès, San Onofre et Cuarte, avec les divisions Villacampa et Obispo. Les 114e, 121e et 1er de la Vistule forcèrent ou tournèrent les faibles retranchements de Manissès et de San Onofre et se portèrent rapidement sur le village de Cuarte situé le long du Guadalaviar, à 1600 mètres de Manissès et formant, depuis ce dernier bourg jusqu'à Valence, par Mislata, la ligne de défense des Espagnols. Cuarte offrit plus de résistance ; mais une partie de ses défenseurs fut détachée à tort sur Mislata pour secourir Zayas, qui les renvoya en déclarant que ses hommes lui suffisaient ; cette fausse manœuvre précipita la chute de Cuarte.

Le général Creagh rentrait à peine dans le village, après son inutile déplacement, à Mislata, que les Français abordaient Cuarte avec impétuosité. En dépit de ses efforts et du courage de don José Pérez, commandant le bataillon de la Corona, les assaillants emportèrent tout. Les tirailleurs de Cadix, de Burgos, de la Princesa et de Alcazar de San Juan furent refoulés en désordre malgré leur belle contenance.

Mahy et ses lieutenants, suivis des troupes de Manissès, San Onofre et Cuarte, battirent en retraite vers la route de Murcie pour atteindre le Jucar. Néanmoins, ils tentèrent encore de faire front à Chiribella, espérant contenir les Français et les détourner de Mislata, où Zayas se maintenait avec bravoure et succès.

Sacrifice inutile ! Voici les bataillons de Reille, à l'Ouest de Chiribella, qui précipitent leur marche et capturent la queue de la colonne déjà refoulée de front.

Ainsi dégagées, les forces du général Harispe continuent leur route sur Catarroja et l'Albuféra afin d'occuper la voie de Murcie et de rejeter ainsi les assiégés dans Valence. Au contraire, la division Severoli, de Reille, après avoir contribué à la retraite de Mahy, pousse de Chiribella sur Mislata et vient tomber sur les derrières de la division Zayas, retranchée dans ce village. Le centre de la résistance était, en effet, Mislata, et nous devons maintenant décrire les opérations dont cette partie du champ de bataille fut le théâtre.

A 10 heures du matin, d'après les ordres reçus, le général Palombini, posté face à Mislata, sur la rive gauche du Guadalaviar, commença son mouvement pour franchir le fleuve et les canaux qui le séparent de cette localité.

Le 2e léger italien traversa le premier sur l'estacade d'un moulin, et le général Balathier parvint à porter rapidement des voltigeurs au delà du canal dénommé « acequia de Favara ».

Le capitaine Vacani, de son côté, établit en toute hâte un pont sur lequel passèrent le 2ᵉ léger et le 4ᵉ de ligne pour se déployer ensuite malgré les efforts de l'ennemi.

Enfin, le colonel Henri commença un autre pont sur le Guadalaviar. Pendant ce travail, la brigade Saint-Pol (5ᵉ et 6ᵉ de ligne), frémissant d'impatience, n'attend pas la fin de l'opération et s'élance dans le fleuve, les hommes plongeant jusqu'à la ceinture. Ils abordent sur l'autre rive et se précipitent vers Mislata ; mais l' « acequia de Favara », plus profonde et plus difficile à franchir que le fleuve lui-même, brise soudain l'élan de nos troupes.

En vain, le capitaine Ordinari entreprend un pont : les hommes accueillis par une fusillade terrible ne parviennent pas à se maintenir jusqu'à l'achèvement du pont ; ils plient et reculent en désordre dans le lit du Guadalaviar qui les dérobe à la vue et aux coups de l'ennemi.

Palombini accourt, rallie ces forces et les reporte en avant, non sans peine. Il était temps, car le général Zayas se disposait à écraser les 1800 hommes des 2ᵉ léger et 4ᵉ de ligne de Balathier qui, seuls, résistaient à l'orage. Les 5ᵉ et 6ᵉ de ligne de la brigade Saint-Pol, présentant à peu près le même effectif, électrisés par leurs chefs et conscients du danger que couraient leurs camarades, se ressaisissent et traversent enfin le canal pour se lancer dans la mêlée, à gauche des 4ᵉ de ligne et 2ᵉ léger.

La lutte se prolongeait lorsque nos troupes perçoivent un mouvement considérable d'hommes provenant de Cuarte, et nos uniformes se dessinent au loin. C'est le général Harispe victorieux qui détache quelques bataillons sur Mislata pendant que les colonnes du général Severoli apparaissent à leur tour sur le champ de bataille après avoir enlevé les derniers rangs de la division Mahy en pleine retraite. Le général Zayas envahi sur ses derrières se voit contraint d'évacuer Mislata poursuivi par les corps de Palombini, de Severoli et de Harispe réunis. Plus de 300 hommes étaient tombés devant Mislata dont la belle défense fut le principal événement de la journée. Le général Blacke voyait la partie perdue, et l'exemple de Mahy échappé à notre étreinte torturait ce soldat ; mais il était trop tard, car le général Harispe avait pris les devants avec tant de célérité que la ligne de retraite espagnole hors de Valence était déjà compromise.

Les Français se hâtaient, en effet, vers les rives de l'Albuféra et leur mouvement enveloppant allait s'achever. Blacke rentra donc dans le camp retranché avec Zayas[1], Lardizabal et Miranda. Quand à Suchet, encore incertain au sujet des projets de l'adversaire, il se porta en personne à la tête de la division Harispe afin de précipiter l'investissement. Avant même que nos troupes pénétrassent dans Chiribella il y arrivait accompagné de ses aides de camp et suivi seulement d'une faible escorte. Ayant choisi le clocher comme point dominant, le maréchal étudiait les deux rives du Turia et les mouvements des armées lorsqu'un bataillon espagnol fit mine d'assaillir le village. C'en était fait de Suchet, si son escorte, par suite d'une heureuse inspiration, n'avait adopté une formation en ordre dispersé qui allongeait la ligne et donnait l'illusion, en raison des coups de feu partant de tous côtés, d'une force compacte occupant solidement la position. Les Espagnols abusés par ce stratagème s'éloignèrent, et le maréchal fut dégagé.

Cependant, à l'aile gauche, les tenailles se fermaient également par la manœuvre du général Habert, qui exécutait sa mission de passer le fleuve au Grao et de donner la main au général Harispe.

Suivant le programme tracé, Habert attendit l'entrée en ligne de Palombini pour prendre lui-même l'offensive.

Ses 20 bouches à feu mises en batterie sur la rive gauche et appuyées par les 36 pièces de canon marchant avec la division commencèrent à tonner le long du Guadalaviar.

Au Grao, notre artillerie eut à supporter tout le poids de l'action, car l'objectif était d'éloigner les canonnières espagnoles et les vaisseaux anglais qui nous prenaient en écharpe.

---

[1] Le général en chef se trouvait à Mislata; il se dirigea vers le général Zayas qui lui fit part de ses funestes pressentiments au sujet des opérations. Blacke parut surpris et attéré de ces révélations, mais Zayas lui représenta avec énergie qu'il restait un moyen de tout sauver en se retirant de suite sur le Jucar. Il insista à deux reprises pour décider Blacke. Celui-ci se borna à répondre mélancoliquement : « Retournons à Valence. » (*Derniers évènements de Valence*, par un Patriote, note 5.).

« El meterse todos dentro de los muros sera la ultima perdicion » (s'enfermer dans la place serait la ruine suprême). (Lettre du marquis del Palacio au général Blacke, 22 septembre 1811.)

Vers midi seulement, le général Habert put traverser l'eau sur un pont établi à l'embouchure même du Turia. Ainsi fut enlevé le Lazaret, défendu par les guérillas.

Miranda, retranché à Monte Olivete, ne put prendre qu'une faible part au combat; les troupes du général Habert s'étendirent, en effet, derrière le camp retranché pour opérer leur jonction avec la division Harispe et cerner la place.

En dépit de la rapidité et de la précision de cette belle manœuvre, une colonne espagnole profita d'un chemin inconnu des Français et régnant entre l'Albuféra et la Méditerranée pour défiler vers Cullera, à l'embouchure du Jucar.

A la nuit, 20,000 Espagnols étaient enfermés dans Valence.

Le maréchal Suchet, ce résultat acquis, voulut sonder immédiatement les intentions de Mahy, qui avait abandonné le champ de bataille; il lança donc à sa poursuite, dans la nuit même, le général Delort avec les dragons du 24ᵉ et 200 voltigeurs.

Mahy, posté à Alcira, n'opposa guère de résistance et s'empressa d'évacuer la ville pour se retirer sur Alicante.

De son côté, Villacampa, qui avait fait halte à Cullera, abandonna cette position dès l'apparition des hussards français du colonel Christophe et rejoignit le général Mahy.

Afin de garantir l'armée contre toute surprise, Suchet occupait Cullera, Alcira et Alberique. Il profita de la dispersion des Espagnols pour s'assurer un rayon de protection plus étendu et tirer parti des ressources considérables du pays. Le général Delort fut, en conséquence, expédié à Jativa, où il pénétra, sans coup férir, le 29 décembre 1811. La population accueillit nos troupes avec joie.

L'on s'empara d'un gros approvisionnement de riz et d'un million de cartouches.

Siège et prise de Valence.

L'Investissement. — La journée du 26 décembre eut pour résultat la prise de 24 pièces de canon, de quelques centaines d'hommes et l'investissement de la place de Valence. Nous eûmes 521 tués ou blessés appartenant presque tous à la division Palombini : parmi ces victimes figuraient une quarantaine d'officiers. Outre les prisonniers, les Espagnols eurent de 500 à 600 hommes hors de combat.

Le maréchal fit camper l'armée de siège à 1200 mètres des ouvrages de la place, la division Habert à l'extrême droite appuyée à la mer et au lazaret, d'une part, et reliée, de l'autre, par de petits postes à la division Harispe qui s'étendaient jusla route de Murcie. Venait ensuite la division Reille dont la brigade Bourcke occupait la droite. A gauche, la division Severoli donnait la main à la division Palombini qui était à cheval sur le Guadalaviar, une brigade à Mislata, l'autre à Campanar. La division Musnier fut établie le 27, sur la rive gauche et prit possession du faubourg de Serranos et de la route de Sagunto. Enfin, les Napolitains étaient répartis entre les troupes de Musnier et la mer, spécialement au Grao. Dans ces conditions, la place était investie de tous côtés, et les tentatives de sortie paraissaient vouées à un échec. Le général Blacke se trouvait enfermé dans Valence et l'on doit avouer qu'il ne fit rien pour prévenir cette éventualité. En effet, le 26, à midi, il pouvait s'échapper avant la jonction des divisions Habert et Harispe en prenant la route, ignorée des Français, qui règne entre l'Albufera et la mer. Le soir du même jour, il pouvait encore exécuter ce programme en profitant de la circonstance que les Français en mouvement n'étaient pas préparés à repousser une sortie nombreuse et inopinée de la garnison. Telle fut l'opinion des généraux espagnols convoqués par Blacke, lequel réfuta cette manière de voir en déclarant que la nécessité de distribuer des vivres à la troupe avant le départ ne permettait pas de procéder dans un délai aussi réduit. L'on remit donc l'exécution au lendemain. En conséquence, à l'entrée de la nuit, le conseil de guerre fut de nouveau réuni, et les généraux persistèrent dans leur attitude de la veille en vue de sauver l'armée. Un inconvénient se présenta, celui de mettre en branle l'artillerie de campagne restée dans les retranchements : c'était donner l'éveil par le bruit et semer l'épouvante dans la population. Enfin l'on tomba d'accord pour effectuer la sortie dans la nuit du 28 au 29 décembre. Le général O'Donnel avec quelques milliers d'hommes devait défendre la place ; il avait mission de capituler au moment le plus opportun en tenant compte des intérêts de l'habitant. Le reste de l'armée sous la conduite de Blacke, soit environ 15,000 hommes, tenterait de sortir par la porte et le pont de San José et traverserait les lignes ennemies en suivant la route de Burjasot, village faiblement occupé et offrant déjà les ressources d'un terrain montagneux.

La division Lardizabal prendrait la tête, précédée d'une avantgarde de 300 hommes de cavalerie et d'infanterie aux ordres du colonel Michelena. Viendrait ensuite Blacke, puis la division Zayas, les bagages, plusieurs familles et enfin Miranda et sa troupe à l'arrière. Toutes ces dispositions arrêtées, Michelena ouvrit la marche et Lardizabal l'imita. Ils passèrent entre Teudetes et Campanar, aucun obstacle n'entravant tout d'abord leur entreprise. L'acequia de Mestalla fut traversée sur la passerelle d'un moulin ; mais les Français avaient établi un piquet dans ces parages et le cri de « Qui vive ? » vint troubler la colonne. Les Espagnols répondirent en français « Hussards du 4e régiment » et poursuivirent leur route sans encombre. Malheureusement pour les assiégés, Lardizabal hésita bientôt et fit halte, suspendant ainsi le mouvement du reste de l'armée.

Blacke, qui cheminait sur le pont de San José, témoin de l'à-coup produit dans la colonne, fut soudain paralysé, ne s'arrêta à aucun parti, malgré les instances de Zayas qui proposait de remonter le fleuve vers Campanar. Après quelques instants d'immobilité, le commandant en chef, dévoré d'inquiétude, craignant une attaque de l'ennemi sur d'autres points, ordonna la retraite et le retour aux positions occupées avant le départ. Les auteurs français déclarent que quelques pelotons suffirent à faire rétrograder les Espagnols qui suivaient une route encaissée, défavorable au déploiement. Cette tentative sombra donc, faute d'une résolution audacieuse et prompte, faute surtout de prévoyance. Lardizabal manqua, lui aussi, d'énergie pour pousser en avant.

Quant à Michelena, il gagna la plaine, traversa Beniferri où il fit prisonnière une patrouille française, essuya le feu de quelques artilleurs italiens postés aux fenêtres des maisons et arriva le lendemain matin à Liria.

Le découragement s'empara de la population et de l'armée après cet échec irréparable ; un certain nombre de déserteurs passèrent immédiatement dans nos rangs [1].

---

[1] La malheureuse tentative d'hier, dit un journal espagnol, produit ses

De son côté, Suchet, profitant de l'expérience acquise par la tentative des Espagnols, renforça les effectifs de la rive gauche. A cet effet, la brigade Pannetier, du corps de Reille, qui venait d'arriver à Sagunto, fut disposée derrière Campanar, entre Beniferri et Benimamet. De plus, le 4e hussards vint camper près de Burjasot, village dans lequel fut établi le quartier général.

En vue de protéger nos camps de la rive droite, l'on construisit deux redoutes à 800 mètres de la place sur les routes de Cuarte et de Murcie. Le couvent de Jésus, sur la chaussée de Madrid, fut fortifié et occupé par un bataillon. L'infanterie et le génie hérissèrent de retranchements les chemins par lesquels l'ennemi pouvait déboucher afin de donner à nos hommes le moyen de s'abriter et de résister aux sorties d'une garnison puissante avec laquelle l'on était en contact immédiat.

Pendant ce temps, l'irritation et l'abattement grandissaient dans Valence sous le poids des sacrifices supportés pendant deux mois avec un dévouement tout patriotique, sans résistance comme sans murmure contre les plans du général en chef. L'inutilité de ces efforts indisposait les esprits. Le 28 décembre, Blacke avait communiqué à la municipalité et à la commission de « partido » sa résolution d'opérer une sortie dans la nuit; il avait annoncé, en outre, que le gouverneur général O'Donnel convoquerait une assemblée extraordinaire composée des principaux citoyens et des autorités (13 membres) dont la mission serait de protéger les intérêts de la collectivité. Les réunions qui s'ensuivirent, autant que l'insuccès de la tentative d'évasion, fournirent l'occasion de constater l'état inquiétant de l'opinion.

La nouvelle assemblée se réunit dans la nuit du 30 au 31 décembre. La fureur populaire éclata en ce moment et l'on dut nommer des délégués chargés d'inspecter l'état de la ligne. Quelques moines en faisaient partie, ainsi que les représentants de diverses classes. La foule fit main-basse sur la commission à la sortie de la porte de Cuarte et la conduisit à Blacke qui se trouvait dans le faubourg de Ruzafa.

---

effets. Tout est désordre : le soldat vend son fusil et ses vêtements ; les cavaliers et artilleurs cèdent leurs chevaux ; l'on brise sabres et baïonnettes. Mais le spectacle le plus douloureux est encore celui des malheureux sans ressources, exténués de privations et couchés dans les rues.

Il était environ 1 heure du matin. Blacke accueillit assez mal ces envoyés improvisés auxquels il refusa l'autorisation de visiter la ligne. De plus, il en retint plusieurs en otages et dépêcha les autres sous escorte à Zayas, afin qu'il leur permit de donner libre cours à leur patriotisme dans les batteries. Puis, le général en chef prononça la dissolution de l'assemblée et fit preuve d'une sévérité qui aurait peut-être été mieux employée en d'autres circonstances. La population fut ainsi dominée, et l'armée continua à observer une obéissance absolue. Néanmoins, Blacke mit sur le compte de l'agitation des masses l'impossibilité qu'il allégua de tenter de nouvelles sorties. Les historiens français en signalent pourtant une dernière effectuée dans la nuit du 30 au 31 décembre par 2,000 Espagnols qui se dirigèrent sur nos positions à travers les faubourgs de Cuarte et de Saint-Vincent. Le 1er de ligne italien, de la division Severoli, marcha droit aux assiégés, les repoussa et les fit rentrer dans la place.

Définitivement refoulés à l'intérieur, les Espagnols ne pouvaient être forcés que par un siège en règle. Le camp retranché qui formait leur première défense était doté de contrescarpes de 12 pieds de haut et d'escarpes de 18 à 20 pieds. Les talus étaient assez rapides pour ne pouvoir être gravis sans échelles. Une zone d'environ 200 mètres, complètement dégagée, régnait autour de ce camp retranché et fournissait un champ de tir libre de tout obstacle. Du côté de l'Olivete, le camp se terminait par une pointe dégarnie de feux, privée d'appuis et pouvant être enfilée du côté de la rive gauche : ces conditions favorisaient l'attaque. Néanmoins, l'on nota que face à l'endroit désigné, entre Ruzafa et le fleuve, les Espagnols avaient déjà commencé quelques ouvrages pour isoler le faubourg de Ruzafa ; ces travaux pouvaient entraver notre offensive et prolonger la résistance. Il fut décidé, en conséquence, de prononcer une seconde attaque contre le faubourg Saint-Vincent sur les routes de Murcie et de Madrid, nulle défense nouvelle ne menaçant de nous arrêter dans ces parages. La redoute élevée sur la chaussée de Cuarte nous abritait suffisamment : nous n'avions qu'à rester sur la défensive dans ce rayon. Quant à la rive gauche, elle était bien gardée par des forces réunies dans les maisons crénelées qui s'élevaient à la sortie de chacun des ponts du Guadalaviar ; Blacke était donc cerné et mis dans l'impossibilité de s'échapper par suite de la non-existence de forts édifiés au devant de l'enceinte et dont les feux croisés lui auraient permis soit de traverser nos lignes, soit de paralyser notre offensive en décimant nos flancs. Le général ennemi n'avait protégé que les bastions Sainte-Catherine et Ruzafa par un chemin couvert et un fossé en partie rempli d'eau. La plupart des portes étaient munies d'ouvrages en terre armés de canons ; enfin la citadelle était bien fortifiée ; on l'avait même reliée au couvent « del Remedio » situé hors des murs.

Établissement des batteries et occupation du camp retranché. — Toujours poussé à précipiter le dénouement par la perspective de se voir retirer une partie des forces qui avaient été envoyées à son secours sans garantie de durée, Suchet voulut profiter, d'autre part, des germes de découragement qui minaient le peuple et la garnison [1]. Aussi, l'ouverture de la tranchée fut-elle décidée. En dépit des pluies continuelles, dans la nuit du 1er au 2 janvier, 3,000 travailleurs, sous les ordres du général Pannetier, ouvrirent deux parallèles ; l'une, devant le faubourg Saint-Vincent, à 120 mètres des ouvrages, s'appuyait par la gauche aux maisons de Patraix qui servirent de communication ; l'autre, devant l'Olivete, à 180 mètres des ouvrages, avec une communication en arrière. Les sorties des Espagnols n'étaient guère à craindre, faute de chemin couvert. Parmi les quelques victimes de ces opérations, l'on eut à déplorer la mort du colonel Henry, qui périt en achevant le tracé de la parallèle Saint-Vincent : c'était un ingénieur remarquable et un soldat doué d'une telle intrépidité que ses hommes disaient de lui : « La mort n'en veut pas ». Au lever du jour, les travaux exécutés permettaient de se défiler des feux de l'ennemi. L'artillerie, dont le parc était à San Miguel de los Reyes, transporta des pièces sur la rive droite aux abords des fronts d'attaque et commença dans le faubourg de Serranos, à côté du couvent des Capucins, la batterie de même nom composée de huit mortiers de 12 pouces et destinée au bom-

---

[1] Le désespoir le plus sombre règne dans la population et l'on n'entend d'autre réflexion que la suivante : « Nos han vendido ! » Ils nous ont vendu. L'indiscipline se propage dans l'armée espagnole qui livre au pillage les couvents eux-mêmes. (*Journal d'un Patriote*, 2 et 3 janvier 1812.)

bardement de Valence. Cette batterie fut terminée et armée la nuit suivante. La redoute située derrière le pont Royal reçut deux mortiers de 8 pouces et deux obusiers de 6 en vue du même objectif.

La batterie des Capucins ouvrit le feu dans la nuit du 5 au 6 janvier, à raison de 1000 bombes par vingt-quatre heures, et poursuivit ce tir continu jusqu'à la fin du siège.

La parallèle de Saint-Vincent fut parachevée les nuits suivantes, munie de zigzags et prolongée à deux reprises vers la droite jusqu'à une maison brûlée qui servit d'appui. L'on déboucha ensuite de cette parallèle par deux cheminements jusqu'à 50 mètres de la contrescarpe, malgré le feu violent des Espagnols. Quatre batteries furent entreprises sur le front Saint-Vincent ; le n° 3, de quatre pièces de 24 ; le n° 4, de six pièces de 24 ; le n° 5, de trois pièces de 24 et de deux mortiers de 10 pouces ; le n° 6, de quatre pièces de 24 et deux obusiers de 6 pouces.

A l'Olivete, la parallèle déjà construite sur la rive droite était éprouvée par la fusillade d'un poste espagnol établi dans une maison à 180 mètres en avant des ouvrages. Le capitaine du génie Morlaincourt, à la tête d'une compagnie de voltigeurs, délogea l'assiégé de ce refuge après avoir fait prisonniers plusieurs défenseurs, ainsi que leur commandant, blessé dans l'action.

L'édifice devint point d'appui de la parallèle de la rive droite. Celle-ci fut soutenue par une autre parallèle que l'on creusa sur la rive gauche afin de prendre à revers le camp retranché.

Dans la nuit du 3 au 4 janvier l'on poussa deux cheminements en avant de la parallèle de l'Olivete : ces deux cheminements furent menés jusqu'à 18 mètres de la contrescarpe, les Espagnols, n'étant pas en mesure d'opérer de sorties de ce côté. L'artillerie construisit trois batteries dans cette parallèle : le n° 1, de quatre pièces de 24 et deux obusiers de 8 pouces ; le n° 2, de trois pièces de 16 et un obusier de 6 pouces ; le n° 8, sur la rive gauche, de deux mortiers de 8 pouces et d'un obusier de 6 pouces pour battre à revers le front d'attaque. L'on avançait à pas de géants en dépit du mauvais temps qui contrariait les travaux et les transports du matériel.

Le général Blacke, reconnaissant la difficulté de défendre la

ligne extérieure depuis le mont Olivete jusqu'au faubourg de
Cuarte, s'interna dans Valence pendant la nuit du 4 au 5 janvier
avec toute son armée. Seules les troupes occupant le faubourg
del Remedio et les têtes de pont restèrent hors de l'enceinte.
L'artillerie de campagne et les pièces de bronze furent ramenées
dans la ville et Blacke encloua celles de fer que les Français
recueillirent au nombre de quatre-vingt. Un violent feu de mousqueterie parti des lignes espagnoles masqua cette retraite. Au
lever du jour nos troupes finirent par se rendre compte des événements. Le colonel Belotti, à la droite (Olivete), les généraux
Montmarie, à Saint-Vincent, et Palombini, à Cuarte, escaladèrent
les retranchements et s'établirent aussitôt dans les maisons des
faubourgs qui nous amenaient presque sans danger, au moyen
de communications pratiquées entre elles, jusqu'à 30 mètres
seulement du mur d'enceinte du côté de Saint-Vincent et de
Cuarte.

Le bombardement. — La retraite de Blacke produisit une
impression de panique parmi les assiégés. Suchet escomptant les
avantages à tirer de cet état des esprits ne manqua pas de tout
tenter pour accroître le désarroi général. Dans ce but, le 5 janvier, la batterie des Capucins commença, nous l'avons dit, à
désoler la ville de ses bombes, et les troupes furent tenues sous les
armes afin de repousser les tentatives de sortie qu'une excitation
passagère pouvait provoquer. Les ravages causés par les projectiles furent considérables, car nulle mesure n'avait été prise pour
parer à cette cruelle éventualité ; pas de blindages, pas de pou-
drières à l'épreuve du feu ; une armée en désordre et la population grossie par les réfugiés de la campagne. Les rues étaient
étroites, les maisons très hautes et les caves en petit nombre. Le
bombardement continua, d'ailleurs, sans arrêt jusqu'à la capitulation.

Pendant ce temps, grâce aux communications percées de
maison à autre dans le faubourg Saint-Vincent, l'on arriva
promptement à une distance de 20 à 30 mètres de l'unique muraille de la ville. Nous perdîmes quelques hommes au cours de
ces travaux. Le capitaine du génie Osaldi et le lieutenant de
sapeurs Guenot furent blessés. Le même jour, l'artillerie éleva
deux nouvelles batteries sur le front de Saint-Vincent : le n° 8,

près du village de Ruzafa, de deux mortiers de 12 pouces et de quatre obusiers, dont deux de 8 pouces ; le n° 9, à la droite du faubourg Saint Vincent, de deux mortiers de 10 pouces et de trois obusiers de 8 pouces. Les feux de ces batteries devaient croiser ceux de la batterie des Capucins et semer la terreur du côté des quartiers voisins de la porte Saint-Vincent non loin de laquelle l'on avait décidé de pratiquer la brèche.

Le 6, dans la journée, le maréchal envoya une lettre au général Blacke pour lui proposer de capituler afin d'éviter la ruine d'une grande cité. Blacke répondit négativement en laissant entendre toutefois qu'il consentirait à évacuer la ville sous certaines conditions ; mais le but du Suchet, préparé de longue main, était précisément de faire prisonnière l'armée espagnole, et l'entente ne pouvait aboutir que sur cette base. Les opérations continuèrent donc avec une ardeur fébrile. Les ruines s'amoncelaient et deux députations se présentèrent à Blacke pour le supplier de capituler. Le général respecta ces délégués sans tenir compte de leur requête. D'autres manifestants vinrent réclamer la continuation de la lutte et envahirent sa demeure. Il les fit incarcérer et dispersa la foule avec le concours des troupes. La situation s'aggravait néanmoins d'heure en heure. Après avoir délogé les Espagnols de quelques maisons qu'ils s'obstinaient à défendre dans la partie gauche du faubourg de Cuarte, nos sapeurs percèrent toutes les constructions et atteignirent ainsi le couvent des Ursulines. Ce couvent fut enlevé de vive force, non sans effusion de sang : le capitaine du génie Leviston, notamment, y perdit la vie. Les Espagnols canonnèrent l'édifice pour nous en expulser, mais ce fut en vain. Le principal effort des Français portait sur le front Saint-Vincent. La porte du même nom était la seule énergiquement défendue par le général Zayas qui commandait ce secteur. Nous dûmes renoncer à déboucher d'une maison voisine de cette porte pour attaquer la muraille par la sape, car le canon des remparts nous força à la retraite ; mais rien n'arrêtait l'élan de l'assiégeant. Une galerie fut immédiatement commencée dans la cave d'une maison située à 33 mètres de l'enceinte. Cette galerie souterraine devait passer sous le fossé plein d'eau et perforer la muraille.

En même temps, trois nouvelles batteries étaient entreprises ; le n° 10, dans le faubourg Saint-Vincent, armée de dix pièces de

24 destinées à battre la muraille près la porte Saint-Vincent ; le
n° 11, de neuf pièces de 24, près du faubourg de Cuarte en
arrière du couvent des Capucins. Ces deux formidables batteries
qui n'eurent pas à fonctionner auraient emporté l'obstacle en peu
d'instants et anéanti les quartiers voisins. Une troisième batterie, n° 12, de six obusiers de 6 pouces, fut, en outre, construite
sur la rive gauche afin de prendre en écharpe la position de
Cuarte et de Saint-Vincent.

Dans la nuit du 7 au 8 janvier la galerie souterraine fut
poussée sous le fossé plein d'eau, sans filtrations sensibles, jusqu'au pied de l'enceinte Saint-Vincent. Pendant le jour nos
mineurs se logèrent sous les fondations. L'on aperçut deux moines qui écoutaient avec une inquiétude partagée par tous les
assiégés les coups redoublés de nos mineurs et regardaient les
travaux des nouvelles batteries. Les n°s 6 et 9 commencèrent
pendant la même nuit à couvrir de bombes la malheureuse cité
concurremment avec la batterie des Capucins dont le tir ne cessait pas [1].

Les 7 et 8 janvier, les dégâts furent immenses. La bibliothèque
de l'archevêché et celle de l'université devinrent la proie des
flammes : l'on ne saurait assez regretter ces pertes, car des
manuscrits de grande valeur furent anéantis. Dans tous les quartiers les bombes semaient l'épouvante, et les appréhensions aug-
mentaient encore par la perspective de voir promptement les
nouvelles batteries, dont quelques-unes étaient redoutables,
appuyer de leur feu celles déjà en action.

Sous la pression de la foule et plus encore des circonstances qui
ne permettaient plus d'espérer le salut, Blacke se décida à dépêcher au camp des Français deux officiers porteurs d'une demande
dans laquelle ce général promettait de capituler sous la condi-
tion qu'on le laisserait évacuer la ville avec toutes ses troupes,
armes et bagages, pour se retirer à Alicante et Carthagène.

---

[1] Le 6 janvier, à l'entrée de la nuit, le bombardement redouble de vio-
lence. Nos batteries dorment et ne répondent que de loin en loin. 2,500 maisons sont déjà détruites. Une faim épouvantable dévore les assiégés ; les vols
et excès de tous genres commis par nos propres troupes, ainsi que les calamités
inhérentes au siège, ne laissent d'autre perspective que la capitulation. (*Derniers événements de Valence*, par un Patriote, page 15.)

Suchet rejeta la proposition et fixa, de son côté, les bases d'une capitulation pure et simple avec une clause complémentaire l'autorisant à échanger 2,000 hommes contre autant de prisonniers français de l'île de Cabrera ou autres points de la Péninsule. Blacke réunit alors dans la soirée un conseil de guerre auquel assistèrent douze chefs pour étudier la question. Les avis furent partagés, les uns acceptant les clauses, les autres les repoussant. En réalité, toute résistance devenait impossible.

Pendant les pourparlers le feu avait cessé, mais les travaux étaient poursuivis avec une ardeur que décuplait la certitude d'une prompte solution. Nos mineurs faisaient des prodiges ; après soixante heures de travail, leur galerie qui passait sous le fossé traversa les fondations du mur d'enceinte près de la porte Saint-Vincent. Les sapeurs s'établirent dans le couvent des Dominicains et créèrent une communication.

D'autre part, les batteries 10, 11 et 12 furent achevées et l'artillerie se disposa à les armer.

La capitulation. — L'aube du 9 janvier éclaira le drame finissant : huit batteries allaient, au premier signal, écraser la ville sous un ouragan de bombes. Il fallut céder. Le général Zayas délégué par Blacke sortit de Valence et vint annoncer l'acceptation des bases de capitulation déterminées par Suchet. Il rentra ensuite dans la ville accompagné du général Saint-Cyr, chef d'état-major du maréchal, pour conclure la capitulation qui fut signée et ratifiée séance tenante. D'après cet instrument les Français devaient respecter la religion, protéger les propriétés et les habitants, ne permettre aucune investigation relativement au passé et concéder un délai de trois mois à ceux qui désireraient abandonner la ville avec leurs biens et leur famille. L'armée espagnole était autorisée à sortir par la porte de Serranos avec tous les honneurs de la guerre, les officiers conservant leur épée, cheval et équipement et les soldats, leurs sacs. L'on accorda également l'échange réciproque des prisonniers.

Le jour même de la capitulation, c'est-à-dire le 9 janvier, les Français occupèrent la porte del Mar et la citadelle. Le lendemain les prisonniers espagnols se mirent en marche à destination de France, ainsi que le général Blacke. Leur nombre s'élevait à

18,219 hommes, suivant les auteurs français, et à 16,000, au dire des historiens espagnols.

L'échange projeté n'eut pas lieu, car il ne fut pas ratifié par la Régence du royaume.

Le maréchal Suchet fit son entrée triomphale à Valence le 14 janvier 1812, accompagné de son état-major et suivi de la plus grande partie de ses troupes. C'est par la porte de San José que nos régiments défilèrent pendant que le général Reille pénétrait dans la ville par la porte de Saint-Vincent avec le reste de l'armée [1].

Le général Robert fut nommé gouverneur de Valence.

Blacke, enfermé à Vincennes, n'obtint son élargissement qu'en 1814. En rendant compte à la Régence de la capitulation de Valence, il disait : « En ce qui me touche, je considère le sort de mon existence comme définitivement fixé. Au moment où je prends le chemin de l'exil qui équivaut pour moi à la mort, je supplie instamment Votre Altesse de vouloir bien, si mes services ont été appréciés par le pays, et si je n'ai pas démérité

---

[1] Une relation espagnole de l'époque décrit comme suit cet événement : « Toute la troupe de l'armée de Suchet était en tenue de gala formant la haie sur le parcours depuis la maison du comte de Cervellon par la place de Santo Domingo, la rue del Mar, la place de Santa Catalina, la rue de Zaragoza, la place de la cathédrale, les rues Caballeros, Alfondec et la Puerta nueva. En dehors de cette porte et à l'extérieur de la batterie de la tête du pont, 200 cuirassiers et 150 Polonais étaient rangés en bataille. A 11 heures du matin entrèrent quelques voitures couvertes et, derrière elles, la Maréchale, dans une luxueuse calèche. A midi, toutes les cloches en volée, ainsi que les salves d'artillerie, annoncèrent le personnage qui se préparait à prendre possession de la plus sacrifiée et de la plus loyale cité de la Péninsule. Deux cuirassiers, pistolet au poing, ouvraient la marche, suivis des autres cavaliers, sabre au clair ; venait ensuite le service du maréchal, les officiers d'administration et les infirmiers des hôpitaux de l'armée et divers personnages, tous revêtus de leurs magnifiques uniformes, et enfin le général en chef, à cheval, avec tous les généraux de division et son brillant état-major. La garde d'honneur du général fermait la marche ainsi que les lanciers polonais et toute l'infanterie du parcours qui se portait en avant après le passage du maréchal. Celui-ci, arrivé à la place de Santo Domingo, près de son hôtel, trouva la municipalité qui l'attendait avec son étendard. L'on voyait aux balcons dix-sept officiers prisonniers de guerre. Pendant ce temps, tous les régiments se rangèrent sur la place par ordre d'ancienneté, et le général, accompagné de sa suite, adressa la parole à chacun des chefs pour les féliciter et les remercier sans aucun doute. Après cette cérémonie, les troupes défilèrent en colonne serrée devant le général. La fête se termina à 3 heures pour être couronnée par un splendide banquet. L'entrée de Suchet a été celle d'un monarque et non celle d'un général. »

jusqu'à ce jour, prendre sous sa protection ma trop malheureuse famille ».

Napoléon conçut une vive allégresse de la prise de Valence et décerna au maréchal Suchet le titre de duc de l'Albufera (24 janvier 1812). Le lac de ce nom devenait la propriété définitive de Suchet, avec la chasse, la pêche et accessoires à titre de dotation accompagnant la nouvelle dignité.

Le clergé et les habitants firent un accueil assez empressé à nos troupes, les auteurs espagnols eux-mêmes le constatent. Les esprits étaient fatigués de la prolongation de la guerre et aussi très surexcités du désastre de Blacke, de sorte que les Français bénéficièrent de cette disposition qui leur était favorable[1].

Suchet réorganisa l'administration, et la prospérité renaquit dans cette contrée en dépit de la contribution de guerre de 50,000,000 qui fut prélevée sur le pays. L'ordre et la discipline étaient sévèrement maintenus dans les rangs, et Valence échappa à tout pillage. Les églises et musées conservèrent leurs trésors et tableaux, et le bien-être régna dans la région pendant l'occupation française, à la différence de ce qui se passait dans les autres parties de l'Espagne.

Le maréchal Suchet évacua Valence le 5 juillet 1813 en détruisant les ouvrages qu'il avait construits pour contenir les troubles de la population plutôt que pour mettre la ville en état de défense contre un siège.

---

[1] Le 19 janvier, un *Te Deum* solennel fut chanté à la cathédrale pour célébrer la glorieuse entrée du maréchal Suchet à Valence. Les deux chapitres et l'archevêque reçurent le commandant en chef, et le sermon fut prononcé par le docteur D. Joaquin Mas, chanoine de la cathédrale. L'orateur, après avoir signalé la main de Dieu dans les conquêtes et révolutions du passé, déclare que la Providence a permis l'avènement des Napoléon au trône d'Espagne. Son œuvre éclate, de même qu'elle est manifeste dans la destinée des anciens empires. Il faut donc s'incliner devant sa volonté, et les Espagnols doivent obéir à ce nouveau roi, l'aimer, l'honorer et prier pour lui, afin que Dieu le guide, le protège et lui permette de rendre la nation prospère et heureuse.

Le 7 janvier 1814, le fiscal de S. M. Catholique traduisit le chanoine devant les tribunaux pour répondre de la doctrine qu'il avait soutenue en faveur de Joseph Bonaparte. Malgré sa brillante défense (Valence, imprimerie de D. Benito Montfort, 1814), il fut condamné à dix ans d'exil. La réfutation de cette sentence, présentée par le docteur Mas, mérite d'être lue, et les arguments opposés de part et d'autre paraissent exclure toute condamnation.

La conquête de Valence produisit sans contredit un effet moral considérable sur la Péninsule. Mais pour tirer le parti désirable de ce fait de guerre, il eût été indispensable de consacrer immédiatement toutes les forces disponibles à l'expulsion des Anglais après avoir enlevé Cadix. L'on devait même expédier à cet effet de nouveaux renforts en vue d'une campagne décisive.

Malheureusement, tous les efforts se portèrent sur le Niémen, les troupes d'Espagne furent même appelées à fournir un contingent pour grossir la Grande Armée. Napoléon commit l'erreur irréparable de combattre les Anglais en s'attaquant à leurs alliés dans les steppes de la Russie au lieu de les réduire à la porte de France, en Portugal même, alors que la besogne était déjà en bonne voie d'exécution et que toutes les facilités s'offraient en vue du triomphe. Ce résultat aurait modifié la face du monde en assurant la victoire à la France et rétabli la paix générale dont l'Espagne aurait peut être tiré plus de profit que des événements réservés par l'avenir à sa destinée.

TABLE DES MATIÈRES

	Pages.
De Tarragone à Sagunto	1
La forteresse de Sagunto	5
Siège et capitulation du château fort de Sagunto	11
Bataille de Sagunto	27
Occupation de la rive gauche du Guadalaviar	37
Passage du Guadalaviar et bataille de Mislata	43
Siège et prise de Valence	48

Paris. — Imprimerie R. Chapelot et Cᵉ, 2, rue Christine.